华 艺 通 览

成都华通博物馆藏品第一辑

李炎 主编

文物出版社

主　编：李炎

副主编：李昭和
　　　　丁锦频

撰　稿：孔莲莲　朱亚军
　　　　陈　丹　汪　原
　　　　徐艺宾　高　洁
　　　　魏　萌　赵文华
　　　　陈德春　李亚明
　　　　唐华蓉　童蕾旭

摄　影：孙之常

成都華通博物館 李鐸

序 | Preface

　　我国是一个有着五千年文明历史的国家，大量的文化遗产成为中华民族最为宝贵的精神财富，也可以说它是一个国家文明的尺度、科学文化的高度结晶。近年来，随着综合国力的增强，博物馆事业得到了长足发展，促进了人类社会的进步和生存环境的改善，它在整个人类文化的结构中，占有崇高的地位。尤为可喜的是，我国的民营博物馆发展迅猛，成为国有博物馆之外另一道亮丽的风景。成都华通博物馆以其宏丰的藏品、高雅的陈列设计和科学的藏品管理成为其中的佼佼者。

　　在华通博物馆的藏品中，最具特色的是汉代陶俑、车马、画像砖（石）以及其他门类的汉代文物，数千件极富地方特色的珍贵藏品，堪称国内一流。四川是一个山水绮丽、文明久远、风物独具的好地方。自秦灭巴蜀以后，经济文化得到飞速发展，画像石、画像砖、石雕石刻和陶俑的大量出现，成为汉代美术最辉煌的标志。华通博物馆所藏的汉代陶俑题材广泛，有说唱、庖厨、乐舞、劳作、车马、楼房等，多以其单纯、质朴的美反映出汉代人们的精神世界、思想观念和信仰习俗，具有极高的历史价值和艺术价值。画像砖石类有大型的石棺、石刻和画像砖，其题材以西王母、九尾狐、玉兔捣药、仙人六博等神话故事和宴享、乐舞、车马出行、劳作及纪年砖最富特色。

　　陶瓷是华通博物馆的另一项重要珍藏。这里不仅有数百件新石器时代的彩陶器，也有宋元明清各时代的精品。明代三百余件彩俑组成的巨大仪仗方阵，气势逼人。瓷器中，宋代青瓷葫芦瓶、明代青花云鹤直口罐、明代青花梅瓶、清代掐丝铜胎四喜罐等等，均为稀世珍品。

书画也是华通博物馆最有特色的藏品。近年来，他们在海内外征集到一大批历代法书名画，李方膺的《花卉册页》、吴昌硕的《墨竹》、黄慎的《渔舟图》、黄宾虹的《黄山天都峰》、张大千的《高士图》、齐白石的《指甲花》、李可染的《黄山》等，都是难得一见的精品。

此外，华通博物馆的青铜器、玉器、金银器等专项收藏也具有相当的规模。

特别值得一提的是，华通作为民间博物馆，斥资两千多万元，从国外购置最先进的设备，建立起文物保护中心，这在国内的民营博物馆中是绝无仅有的。这批先进的文物保护设备，可以和故宫博物院、首都博物馆等一流的国有博物馆媲美，为我国的文物保护及其研究、文物测试及鉴定创造了有利条件，这充分显示了他们文物保护的意识和博物馆应具有学术品位。

华通博物馆不仅是企业文化形象的标志，更负担起了传承文明的重要使命。

2008年5月3日

吕济民（原国家文物局局长、故宫博物院院长、国际博物馆协会亚太区主席、中国博物馆学会理事长）

盛世华章

历史已经如电影一样到了终场，曾经活动在历史中的先民及他们所创造的文化以物质的形式留存了他们的信息，恰似定格的胶片，以至于现在我们还能从这些无声的胶片中去感受那些曾经的喧嚣，领略那些起伏跌宕、精彩纷呈的历史片断。华通博物馆贮存着各个时期丰富的历史胶片，是中华五千年文明的缩影。徜徉在馆中，欣赏着从新石器时代质朴明快的彩陶艺术到近现代笔墨酣畅的书画艺术，从精巧灵秀的战国青铜工艺到明朗又神秘的四川秦汉陶石艺术，从肃穆恢弘的明代仪仗俑队到瑰丽多姿的宋元明清的瓷器艺术，品味着这些精美的藏品，犹如电影的回放，每一段都给人无限的遐想，从中体验着过去的辉煌。

华通博物馆是一个以历史为线索的艺术博物馆，藏品近十万件。按照不同的艺术门类，博物馆划分为不同的展厅，总面积达18000平方米。最主要的藏品类型是陶器、瓷器和书画，对应的陶器厅、瓷器厅、书画厅也是其中最为精彩的部分。

位于成都的华通博物馆，占尽天时、地利的优势，所以最具有代表性的收藏是反映四川地区历史的艺术品，

瓶、清代掐丝铜胎四喜罐等等，均为稀世珍品。

书画也是华通博物馆最有特色的藏品。近年来，他们在海内外征集到一大批历代法书名画，李方膺的《花卉册页》、吴昌硕的《墨竹》、黄慎的《渔舟图》、黄宾虹的《黄山天都峰》、张大千的《高士图》、齐白石的《指甲花》、李可染的《黄山》等，都是难得一见的精品。

此外，华通博物馆的青铜器、玉器、金银器等专项收藏也具有相当的规模。

特别值得一提的是，华通作为民间博物馆，斥资两千多万元，从国外购置最先进的设备，建立起文物保护中心，这在国内的民营博物馆中是绝无仅有的。这批先进的文物保护设备，可以和故宫博物院、首都博物馆等一流的国有博物馆媲美，为我国的文物保护及其研究、文物测试及鉴定创造了有利条件，这充分显示了他们文物保护的意识和博物馆应具有学术品位。

华通博物馆不仅是企业文化形象的标志，更负担起了传承文明的重要使命。

2008年5月3日

吕济民（原国家文物局局长、故宫博物院院长、国际博物馆协会亚太区主席、中国博物馆学会理事长）

盛世华章

历史已经如电影一样到了终场，曾经活动在历史中的先民及他们所创造的文化以物质的形式留存了他们的信息，恰似定格的胶片，以至于现在我们还能从这些无声的胶片中去感受那些曾经的喧嚣，领略那些起伏跌宕、精彩纷呈的历史片断。华通博物馆贮存着各个时期丰富的历史胶片，是中华五千年文明的缩影。徜徉在馆中，欣赏着从新石器时代质朴明快的彩陶艺术到近现代笔墨酣畅的书画艺术，从精巧灵秀的战国青铜工艺到明朗又神秘的四川秦汉陶石艺术，从肃穆恢弘的明代仪仗俑队到瑰丽多姿的宋元明清的瓷器艺术，品味着这些精美的藏品，犹如电影的回放，每一段都给人无限的遐想，从中体验着过去的辉煌。

华通博物馆是一个以历史为线索的艺术博物馆，藏品近十万件。按照不同的艺术门类，博物馆划分为不同的展厅，总面积达18000平方米。最主要的藏品类型是陶器、瓷器和书画，对应的陶器厅、瓷器厅、书画厅也是其中最为精彩的部分。

位于成都的华通博物馆，占尽天时、地利的优势，所以最具有代表性的收藏是反映四川地区历史的艺术品，

特别是东汉时期的陶俑精品、画像石、画像砖以及明代陶俑等时代特征和地域特征很强的艺术品。这些作品除了反映汉代工匠们的高超技艺外，还生动地展示了当时四川地区的政治、经济、文化生活和宗教信仰。汉代陶器艺术厅的藏品涉及到人们生活的各个层面，如朴素的劳作场面、诙谐的杂技镜头、庄重的出行队伍等等，为研究汉代人们的精神世界、思想观念、信仰习俗以及现实生活、经济发展等提供了极其重要的形象资料。

四川古为禹贡梁州之域，土地肥沃，物产丰富，人杰地灵，地处华阳，史称天府，是汉代全国最富庶的地区之一。秦并巴蜀以后，四川的经济文化得到了飞速发展，究其原因，除了巴蜀地区固有的良好的经济基础外，秦在巴蜀地区实行的一系列改革措施也是十分重要的因素。画像石、画像砖、石雕石刻和陶俑的大量出现，也应该与厚葬之风和升仙思想有关，成为四川汉代美术最辉煌的标志。

馆藏的汉代陶俑多出土于这一时期的崖墓、土坑木椁墓、砖室墓。从20世纪50年代以来，原四川地区已经发掘的汉墓数以千计。这些墓葬主要分布在成都平原及其附近的丘陵地区，尤以分布在岷江、沱江、涪江、嘉陵江中下游和长江沿岸的崖墓数量最多。比较著名的有乐山麻浩崖墓群、三台郪江崖墓、中江壁画崖墓、彭山崖墓、新津崖墓、广汉连山崖墓等等。这些汉墓出土的陶俑数量极大，种类繁多，造型生动，是研究四川汉代史的重要物证。汉代作为我国第一个统一的昌盛时期，舞蹈艺术的发展也是历史上的一大高峰，主要表现在伎乐的繁荣上。汉代也是百戏的大发展时期，还出现了一些新的表演形式，例如角抵百戏、相和大曲。当时著名的舞蹈节目有《盘鼓舞》、《巾舞》、《巴渝舞》等，

一些乐舞伎人在历史上也留下了姓名。华通博物馆所藏的伎乐俑几乎反映了汉代四川地区乐舞的全貌，婀娜的舞蹈俑、滑稽的说唱俑、自在的器乐演奏俑，特别是东汉伎乐群塑，再现了汉文化的繁荣，为我们留下了一部盛世的华丽篇章。

华通博物馆馆藏的瓷器既有自己明确的收藏重点，又兼顾历史发展的全局。馆藏瓷器上起南北朝，下至民国时期，大致涵括了中国瓷器发展的整个历史阶段，既有六系莲瓣青瓷罐和双螭龙耳白瓷盘口壶这样早期的素瓷器，也有祭红梅瓶、五彩龙纹将军罐、康熙款景泰蓝珍珠花卉葫芦瓶这样比较晚期的颜色釉瓷、五彩瓷和珐琅彩瓷。而馆藏的青花敞口八方瓶和乾隆款粉彩八宝贲巴瓶在形制上则新颖别致，具有明显的异域特色。青花瓷作为重头戏，在馆藏品中占据了大宗，其中青花海水云龙纹缸、青花麒麟缠枝莲盖豆等几件青花瓷无疑是锦上添花，为这一绚丽画卷添上了最浓重的一笔。

瓷器工艺的成熟把人类的物质和精神文明的历史进程向前大大推进了一步。瓷器创制以后，因物美价廉而很快在社会上普及开来。随着文人雅士的关注和宫廷的介入，瓷器的功能产生了分化，由最初的民间生活用瓷

衍生出观赏瓷和祭祀用瓷，也逐渐形成了各自不同的审美趣味和装饰风格，即民间乡土的朴实、文人雅士的清逸与皇家宫廷的富丽。这一方面极大地促进了制瓷业的发展，另一方面也对其工艺不断提出新的挑战。也正是在这不断的挑战中，制瓷工匠们创造了一个又一个的辉煌与奇迹，从单一的釉色催生出品类繁多的颜色釉，再到青花、斗彩、五彩、粉彩，色彩日趋绚烂；装饰纹样从几何纹样到动物花鸟、山水人物，纹饰日趋复杂；造型在吸收外族和外来文化的基础上不断有所创新，形制也日趋多样。

中国传统的书法和绘画艺术以"缘情表志"的精神内核和"天人合一"的意象思维方式，代表着中华民族传统文化的精髓，数千年以来生生不息，并且以自身独特的风采意蕴，屹立于世界艺术之林。

馆藏的书法作品中，明代董其昌的《行草》堪称为"风神秀逸"，是"帖学"传统的杰作之一。而现代"帖学"的代表、"启功体"的创立人启功先生，其作品《行书》直追前贤。

明代的山水画在以文徵明等人为首的"吴派"之下独领风骚，馆藏的《云膴万塍图》山水长卷的作者钱榖，系文徵明的高足，其作品清润雅逸，深得"吴派"神韵。清代中期 "扬州画派"兴起，从馆藏的金农《罗汉图》、黄慎的《渔舟图》、李方膺的《花木真迹》册页，可以领略他们各自鲜明的艺术特色以及张扬的个性。吴昌硕被誉为"后海派"艺术的开山代表，是近代中国艺坛承前启后的一代巨匠，馆藏的《墨竹》图可以感受到他浓郁金石味的独特画风。

在馆藏的众多的现代国画精品中，可谓大师云集、名家辈出。山水画一列，有号称"南张北溥"张大千的《秋江钓艇图》和溥心畲的《山水墨稿长卷》。其中溥心畲的山水长卷，全为墨笔铁线勾勒，技艺精湛，让人叹服。山水画大师黄宾虹以"浑穆华兹"的画风把中国的山水画提升到新的境界，其馆藏作品有《黄山天都峰》。此外，创造山水画新皴法——抱石皴的傅抱石的作品《浅降山水》，和以开创"陆氏云水"山水画新程式的陆俨少的《峡江图》也位列其中。馆藏的花鸟画中，则有赋予作品以质朴清新的乡土气息、赋予文人画以新的生命力的花鸟画大师齐白石的作品《指甲花》，有以画梅著称的关山月的作品《梅花长卷》，还有本土花鸟画大家陈子庄那简率天真、独创新格的花鸟画小品《牡丹图》。"中国近代绘画之父"徐悲鸿的《猫石图》，将西方的写实技巧融入中国绘画，表达了开拓创新的意旨。人物画中，我们可以在"当代画僧"史国良的《放猪图》中体验到意趣盎然的生活情景，也可以在吕凤子的《罗汉图》中明鉴作者刚正不阿的精神气节，更能从石鲁的《人物习作》中感受作者那激越澎湃的革命浪漫主义情怀。

陶器艺术是先民从原始混沌向人类文明发展进程迈出的第一步，如同漫漫长夜过后黎明的第一道激动人心的曙光，呈现出先民的创造力以及感悟与表现美感的能力。瓷器艺术更进一步，达成了艺术与技术、物质文化与精神文化的完美结合，展示了社会生产及科学文化的成就，并且如实地反映了人类生活方式和审美趣味的演变过程。而书画艺术最终发展成高度抽象、纯粹精神化的艺术形式，达到了中国艺术的最高峰。这一轨迹清晰地反映了我们民族艺术不断自我提升的过程，同时，也昭示了华夏民族不断进取的探索精神和不竭的创造力。

▏第一章▏陶器艺术▏

根据考古发掘材料估计，约在8000～9000年以前的新石器时代就出现了陶器，几千年来一直是人类的主要生活用具。这时的陶器由于烧造工艺的不同，还出现了红陶、灰陶、黑陶等不同品种的陶器。与此同时，人们为防止陶器经火烧或水浸泡断裂，便在泥土中掺入沙子，烧制成泥质夹砂灰陶和夹砂红陶。此类陶器多用于烹调器、汲水器和大型容器，故又有泥质陶和夹砂陶之分。制陶是一种专门技术，一般选用黏土，经过成型、干燥、入窑火烧而成。

陶器工艺品是我国最古老的工艺美术品。远在新石器时代就有风格粗犷、质朴的彩陶和黑陶等。陶器在中华民族优秀的历史文化遗产中，是历代文物中的一支奇葩。陶器除了作为生活用具以外更是重要的明器。从先秦的兵马俑到唐代的唐三彩主要用于陪葬，在盛行厚葬之风的汉代尤为流行。全国大部分地区，各个时期、各个地区我们都能感受到陶器那匠心独具、朴实无华、闪

耀着时代特色的美。

第一节 ▏ 彩陶文明

彩陶艺术是传统艺术的光辉起点，它以简洁的艺术语言、鲜明单纯的色彩和以意写形的技法让我们领略到文明时代开拓者雄浑强烈的表现力。彩陶是在陶器表面以红、黑、赭、白等色作画后烧成。又有在烧成的胎体表面作画的彩绘陶。其装饰纹样有图案、画面和塑贴三大类。彩陶艺术的发生和发展往往与操作技术的成熟状态是密切相关的。新石器时代各文化类型彩绘陶器，都有它一定的形制、比例，显现出原始质朴美感和祖先的艺术创造才能。彩陶上变化巧妙的几何图案和生动活泼的动植物纹饰，都具有较高的艺术性，而且各种文化类型都有着不同的风格特色。

中国彩陶的分布范围极广，从北到南，连着黑龙江、黄河、长江、珠江流域。由于远古先民属于不同部族，又因时代和地域的差异，形成了中国绚丽缤纷、名目繁多的文化类型。典型的有老官台文化、仰韶文化、马家窑文化、齐家文化、辛店文化、寺洼文化、卡约文化等等。这些文化类型的彩陶或继承发展，或彼此影响，或相互交融，形成了共同而又丰富多彩的艺术风格。

华通博物馆收藏的彩陶多为马家窑文化的彩陶。马家窑文化彩陶分布于甘肃、青海地区。它与仰韶文化相近似，可能是仰韶文化所派生。装饰以彩绘为主，主要是黑彩，也有一部分在黑彩中加施红彩。马家窑文化彩陶是新石器时期彩陶艺术的最高境界。马家窑文化彩陶可分为先后连续的三种类型——马家窑类型、半山类型、马厂类型。陶器的制作用泥条盘叠手制，器

形有瓮、壶、罐、盆、钵、盂、碗等，造型完美，纹饰严谨，多在泥质红陶的胎体上遍布黑色纹样。图案包括同心圆、涡状纹、垂幛纹、旋涡纹、动物人物纹、波状纹，流利生动。装饰的面积特别大，往往通体施绘，有满、平、均的装饰特点。华通博物馆藏有马家窑文化彩陶的典型器物，比如彩陶折线纹壶、旋涡纹罐等。

第二节 │ 汉陶神韵

古人相信死后灵魂不灭，并且向往在另一世界继续生活，而且希望能飞升成仙，所以从来就有以物陪葬的习俗。人们不仅用生时所喜好的物品陪葬，还出现了许多仿制的象征性随葬品，也就是采用替代品陪葬，如汉墓出土的各种陶农庄、陶楼、陶院落、陶狗、陶壶等，不仅反映了当时的日常生活，同时也透露了当时的建筑形式。汉代世俗生活成为重要的雕塑素材，另一重要灵感来源于升仙思想所带来的奇异想象。由于大量生产的结果，使得许多不是上层阶级的人也负担得起，所以陶制的陪葬品在汉代相当盛行。

汉代以俑随葬，是历史发展的一个重要标志。春秋战国以后，以活人殉葬的做法逐渐被摒弃，代之以陶俑。两汉时期，铁制农具和牛耕的推广使得天府之国的农业生产得到了高度的发展。四川汉墓随葬大量的劳动形式的陶俑，使我们可以管窥汉代四川地区的农业发展的一斑。华通博物馆收藏的此类陶俑数量很大，种类也较齐备，为了解汉代经济提供了实证。汉代的陶器种类十分复杂，大致有人物、动物俑、陶器等。另一方面，镇墓神和其他神兽及特殊的摇钱树等奇异俑，反映人们对阴间世界和鬼神的认识。

1.人物陶俑

四川汉时的墓葬中出土的陶俑数量众多，主要的类型有劳作俑和伎乐俑。随着经济的发展，厚葬风的盛行，墓葬中的随葬品也越来越丰富奢华，陶俑的制作也越来越商品化。陶俑的制作、造型也从东汉早期的小型、粗糙、模糊渐渐演变为东汉后期至蜀汉时期的中型、大型、精美、生动，往往施以彩绘。东汉中、后期墓中出土的执刀、执盾俑等武士俑，是这时期陶俑的一大特点，也是东汉中后期地主庄园实力雄厚、庄园内部私兵发展的重要证据。某些劳作俑如执锸俑等，除了手执农具锸外，还佩有环首长刀等武器。表明了劳作俑和武士俑的身份在一定程度上的一致，说明这些私兵就是大地主从依附农民中选出来的。其他的各种陶俑同样也是大地主庄园内依附农民的形象，即"奴婢"和"徒附"的生动写照。

劳作俑又可细分为从事农业生产的、从事家务劳动的，其中从事农业生产的有执锄俑、执锸俑、执铡刀俑等。从事家务劳动的俑又可分为在厨房干粗杂活的和主人的贴身内侍，前者有庖厨俑、执箕俑、提鱼俑、提罐俑、执筛俑等，后者有执镜俑、托盘俑、侍立俑等。

劳作俑中最具代表意义的是执锸俑。执锸俑是模拟汉代现实生活中农夫的真实形象而塑造的。他们面庞丰润，微露喜色，身材魁梧，多为执锸提箕，佩刀，衣着打扮是一副古代农人形象，也是丰衣足食之社会生活状况的写照。目前发现的这种劳动陶俑很多，出土地区亦很广。例如成、渝两市和广汉、新津、郫县、灌县、乐山、彭山、资阳等地均有发现，且保存较为完整，多数头戴平顶小帽，身穿短衫，不少脚穿草鞋，平均高约84厘米左右，有的达一米以上。

馆藏中最大的一件执锸俑也是四川汉俑中形体比较大的，通高100多厘米，比秦俑稍小，这在汉代是很难得的，对于研究四川当时农业生产的状况颇有价值。其手中所执的锸，是汉代的一种起土工具，它是将一凹形铁器安装于似木铲物的底端尖部，是当时最常见的一种从事农田、水利劳动的工具，往往也用它来修筑城墙和土台。箕是劳动中用来装土的工具，它和锸密切相关，古代农人惯以锸箕并用。汉代的四川是当时全国农业最富庶的地区，天府之国物产丰饶，所以，制作出的陶俑普遍都有一种喜乐富足的神情。

博物馆所藏的汉代伎乐俑特别丰富，这类俑在四川的出土量也比较大，完整地反映了汉代歌、舞、乐为一体的原始形态，也展示了汉代的蜀地一派富足、昌盛安乐的景象。陶塑的舞俑、乐俑都洋溢着这种时代地域风尚，他们有着共同的特点，普遍都有一种自得其乐的神情。那种质朴、纯真的微笑和无忧无虑的神情，有心灵感应者，都会一见而心领神会。表演者们都被刻画得如痴如醉、动态十足。川俑所表现出的都是一瞬间定格的微笑，雕塑手法删繁就简、简练朴素。不拘泥于细节，

形成了独特的美学风格。无论是舞蹈俑、听琴俑、吹箫俑，在喜乐无忧之间还流露出一种儒雅神态，显示着内心世界的平静安详。虽经土埋千年，历经千年光阴的打磨，其脸部的眼睛均已风化模糊，但观之仍能感受到人物所表现的淡泊无邪。以说唱俑为例，在眉飞色舞间，表现出来的也是一种朴实和善的幽默滑稽，神韵虽生动，但绝无油滑之态。

汉代的舞蹈有两个最重要的特点：一是舞袖，古谚"长袖善舞"，表现古人对舞袖的欣赏和喜爱。汉代舞蹈几乎都以长袖作舞，舞袖凌空飘逸，如行云流水，千姿百态。除舞袖外，另一特点是舞腰，前俯后仰，左右倾折，丰富善变，绰约多姿。舞腰动作要求舞人练就一身柔功，做到"绕身若环"、"柔若无骨"，是很不容易的。汉代舞蹈俑写实地刻画了这两个特点，注重把握整体动势，尽显女子窈窕曼妙，舞姿婆娑，衣裙飘逸。乐俑则个个神情专注、姿态端庄，尽显祥和气氛。如吹箫俑，通过面部神态和双手按捺的指韵，传神地刻画出一个技艺精深的乐师。而大大小小、穿戴各异的抚琴俑、抚瑟俑，可以见证汉时巴蜀之地遍地琴瑟之声的时代风尚。另有相当数量的听俑，双腿踞坐，似正专心致志欣赏音乐，听到会心之处，情不自禁以手扶耳，那如醉如痴的神态刻画得惟妙惟肖，那境外之音，则令人有绕梁之想，从一个侧面展现了乐舞的引人入胜。

2. 家禽家畜

华通博物馆所藏的陶质动物模型主要有马、牛、羊、猪、狗、鸡、鸟等，其形态或立或坐，或仰或卧，类型众多，姿态各异，惟妙惟肖，不少动物是当时墓主的后人按照自己家养畜禽的真实形象，请匠师精心塑造

出来的。有陶制家畜家禽模型的汉代墓葬遍布四川各地，由此可以看出汉代四川的家庭经济模式和理想畜养标准。这时期的墓葬随葬遗物中，许多动物的造型几乎与现实生活中的家养动物一样。历史各时期人们所饲养的家禽家畜的品种也各有不同，迄今四川汉代各地出土的陶制家畜家禽模型，是对四川各地墓葬进行分期断代的重要依据之一。

馆藏的陶狗模型在家畜家禽类中数量最大的，种类也最多。四川各地汉墓陶狗模型的出土极为普遍，其数量之巨，反映养狗之风盛行。这些陶狗的造型千姿百态，躯体肥胖，昂首挺胸，眼圆睁目，卷尾立耳，或蹲或卧，或立或坐，为数不少的陶狗颈部还系带项圈。这一时期人们饲养狗，可能少部分用以肉食，大多数则为放牧狩猎、护守家门和玩伴宠物。此外还被用作丧葬、祭祀的牺牲，或用来避灾、供祖。

3.镇墓神兽和摇钱树

四川汉俑既有浑厚豪放、质朴率直、寓巧于拙、古朴简约的写实表现，用来描绘真实的客观世界；也有光怪陆离、飞扬流动、神异精巧的奇妙发挥，用来书写异世间的神秘想象。华通博物馆所藏各类镇墓神俑、有翼神兽、摇钱树等，是考察汉代地府思想和墓葬文化的珍贵物证。

有翼神兽的形状集狮、虎、豹为一身，有翼有角，在古代人心目中，凡属神的灵物，与现实事物不同，是有翼的，可以飞翔，因此可以载人飞升。兽生双翼，是人类在想象中将实物神化的产物，如天马等。古代有翼神兽的名称很多，例如天禄、貔貅、麒麟、辟邪等等，它们的造型有一些不同。馆藏的这件有翼神兽陶塑我们

一般称作辟邪，是人类将各种动物的特征集中在一起的主观想象物，有高度的神性，是吉祥和护佑的象征。其造型前胸挺拔伟岸，背脊线条流畅，四肢矫健盘踞，翅膀雕饰尤其精美，做工精细，肢、翼、颈、尾、舌全部做镂空处理，在东汉陶器中极为罕见。神兽的自信笑意中不失威严庄重，是作品最令人称道的成功之处。

馆藏的最大的两尊镇墓神，被设计成面部狰狞凶恶，头上生角，瞠目，阔耳，长獠牙，吐长舌，呈"辟邪"的形象，以此威慑、镇扼心术不正的人和鬼。镇墓神一般在墓门外，守护墓的主人，可以除祟辟邪，保佑死者平安到达幽都，保护墓主死后在阴间过得平安。其形象诡异、威武、恐惧、神秘。相传有一种可以变成纸一样薄或者像蛇一样的鬼魅，从墓的缝隙中钻进去，吸食墓主人的脑髓，使之不能升天成仙。后来有一神将奋勇守护墓门，所以，镇墓神被塑成右手执斧、左手将蛇捉住。故镇墓神也是一个面恶心善的神。汉代的镇墓神后来演变为"泰山石敢当"、"吞口"，立在村口，用来镇魔、避邪、驱鬼。

博物馆中唯一的一株摇钱树保存相对较完整，通高180厘米以上，以施绿釉的飞羊乘人为树座，青铜质的树干和树枝上图纹清晰可见，十分珍贵。摇钱树是汉代、三国、两晋时期墓葬中常见的随葬明器，由青铜铸造的神树和陶制、石制的树座所组成。神树的纹饰精美、图像丰富，因其树枝上挂满中国古代流通的方孔圆钱，似乎只要摇动树干，铜钱就会纷纷落地，所以被命名为"摇钱树"。摇钱树在四川地区出土较其他地区多，但总量并不大。摇钱树和摇钱树座的题材有西王母、辟邪、骑羊、龟、熊、龙虎、仙山等，与汉代神仙思想关系甚为密切。摇钱树出现也与古代人们金钱观念有着密切关系，而金钱

崇拜实际上是人们趋吉思想的重要内容。

4.生活器物

华通博物馆所藏的陶器，几乎囊括了当时与人们日常生活关系密切的全部物品。日常用器主要有罐、壶、瓶、杯、盘、尊、碗、钵、盆、盒、釜、簋、鬲、盂、鼎、豆等，多用作盛东西，其中罐、壶、釜的数量最多。生活仿制器皿有炉、奁、鉴、洗、灯、勺、熏、仓、灶、井、案等，还有水田、水塘、建筑楼阁、马车等生活必需的设施模型。这些随葬的陶器模型模拟当时四川居民的生活状况，反映出一个安详富足的盛世景象。巴蜀汉代陶器除了灰陶，也有少量的釉陶。纹饰多为模印、打印纹、划纹等。彩绘主要有红彩、黑彩与白彩，陶色有红、灰、黑、彩四种。

汉代的主要交通工具是马车，还有少量的牛车，马车因乘坐者的地位高低和用途不同，又细分为若干种类。结合出土的汉车实物、模型以及形象图，与文献记载对照，现可确认的有斧车、辂车、施幡车、轩车、辎车、辒车、栈车等。本馆所藏马车为有伞盖的辂车和带篷的辎车。

辂车是一种轻便快速的小马车。"辂"即遥远，四向远望之车。汉初辂车为立乘，后来改为坐乘，一车可乘坐两人，御者居右，官吏居左，其车四面空敞，坐在车内可以极目远眺。辂车结构简单，快马轻车，为一般小吏出外办理公事或邮驿传递公文时乘坐。辎车是一种双曲辕驾单马的带篷车，与辎车基本相同，略有不同的是车门设在车舆后面，车辕较长，直伸到车舆后边，以供乘者上下时蹬踏用。它是一种适于长途旅行乘坐的车，既可载行李，夜间又可卧息车中。一般辎车和辎车

可并称"辎辎"。辎车、辎车在汉代都是极为舒适而又装饰华丽的高级马车，专供贵族妇女乘坐。

第三节 | 明代陶俑

陶俑作为古代墓葬中的明器，最初可能是替代人殉葬，也是人类文明的进步。陶俑最早始于商代，西晋时出现青瓷俑，汉代是中国古代以俑殉葬的鼎盛时期，到了宋代，随着丧葬习俗的变化，特别是焚烧纸明器习俗的兴起，随葬俑群日趋衰落。而到明代，一般不再以俑随葬，但在一些王公大臣的墓中，还常发现数量众多的陶质或木质的仪仗俑群，表明汉文化又有了复苏，数量

庞大的随葬俑群再度成为王公和高官们身份、地位的象征。在江西、山东、四川等地发掘的明代诸王陵墓中，都出土有制工精细的随葬俑群，有木俑、陶俑，还有釉彩绚丽的釉陶俑。

成都的明代陶俑多出土于蜀王陵中。据《四川通志》记载，蜀献王朱椿、靖王朱友堉均葬于成都北郊天回山，僖王和靖王的父亲朱悦燫则葬在凤凰山，而成都东郊在古代被人们认为是极佳的风水宝地，也是古代墓葬最多的地方之一。一些身份尊贵、地位显赫的明朝藩王，也选择了这个地方作为他们的长眠之地。因此天回山、十陵镇正觉、青龙埂等地，便成了明代蜀王的家族墓地。尤其是正觉山、青龙埂一带，已经探明的有僖王陵、怀王陵、惠王陵、昭王陵、成王陵、黔江悼怀王墓、僖王赵妃墓、僖王继妃墓、定王次妃墓、半边坟郡王墓十座明代蜀王、蜀王妃、郡王及郡王妃的墓葬，形成了一处王陵墓葬群。

已经出土的蜀王陵中发现了大量的陶器、铁器、玉器、漆木器、铜器等各类器物，其中排列有序的仪仗陶俑最具特色。这些陶俑有文官俑、武士俑、舞乐俑、仪仗俑、侍俑等，形象生动、制作精细、色彩艳丽，是明初时期陶制工艺的精品，比较全面地反映了元明之际四川及成都雕塑艺术的发展水平。陵墓内还出土了大量的彩釉兵马俑、舞乐俑等随葬品。

华通博物馆中的这批仪仗俑都是釉陶制作，从形制、服饰以及所执的仪仗上，可分为文官俑、武士俑、乐俑、仪仗俑、侍俑等五大类，形象生动、色彩绚丽，是明初时期的精品，揭示了元明之际雕刻艺术的发展情况，是很重要的艺术史资料。以象辂为中心的仪仗俑群，与当时的亲王仪仗制度相吻合，反映了明初衣冠制

度的特色。

第二章 瓷器艺术

瓷器凝聚着泥与火的精魂，展现了华夏民族瑰奇

的艺术想象力和勃发的创造力，彰显着华夏民族深厚的文化内涵与卓尔不群的审美风尚。六朝是中国瓷器的成熟期，这一时期青瓷一统天下，南方浙江的越窑青瓷以其胎质细密、釉质莹润、色泽匀净以及坯釉结合完美，代表了当时青瓷的最高水平。诗人陆龟蒙用"九秋风露越窑开，夺得千峰翠色来"的诗句来表达自己的赞美之情。而当时河北邢窑作为北方的代表，紧随其后烧制出了白瓷，在南北朝时期逐渐形成"南青北白"瓷业格局，与南方越窑的青瓷交相辉映，到唐代时形成了陶瓷业的两大主流。茶圣陆羽在他的《茶经》中，则用"类银"、"类雪"来形容邢窑白瓷的釉色。这一局面一直延续到宋代。

我馆收藏的六系莲瓣青瓷罐是"南青北白"时期生产的具有代表性青瓷器，出土年代为南北朝时期。由

于这一时期盛行佛教，因此带有佛教色彩的装饰随处可见。体现在陶瓷器上，最为典型的是莲花纹装饰。另一件馆藏瓷器双虺龙耳白瓷盘口壶，为宋代白釉瓷器，通过它可让观者一睹当时制瓷工艺的精湛。这件瓷器通体白釉，造型轻盈，它装饰的别致之处在于口沿至肩部堆塑的一对螭龙，它们张口衔住瓶口，自然而巧妙地形成壶的执柄，真可谓巧夺天工。

宋朝的人文艺术以及经济科技高度发达，成为继汉唐之后中国古代的第三个繁荣时期。这一时期陶瓷业得到蓬勃发展，瓷窑遍布全国各地，风格各具特色，形成了"六大窑系"和"五大名窑"的空前盛况。

宋代的景德镇窑在前代青瓷和白瓷生产的基础上，创烧出独具风格的青白瓷，其釉色介于青、白二色之间，青中有白或白中泛青，故称青白瓷，又称"影青瓷"。我馆收藏的影青盘龙人物魂瓶，就是这样的一件宋代青白瓷器。这件青白瓷造型独特，瓶体修长，颈部堆塑有日、月、云、龙、鸡、鸟、仙人以及十二把铜俑，纹饰丰富，制作精良。景德镇制瓷业的兴起与青白瓷的出现，给"南青北白"的局面画上了句号。

宋代瓷器工艺的另一突出贡献是颜色釉瓷的发明，这是介于素瓷和彩绘瓷之间的一种瓷器。所谓颜色釉，包括红色、蓝色等单色釉、杂色釉以及结晶釉、纹片釉等，有的是以景物、动植物来命名的，如天青、霁红、孔雀绿、鹧鸪斑；也有的是以用途来命名，如祭红、霁蓝等；还有的是以产地命名的，如钧红、郎窑红等。颜色釉瓷器的发展在明清时达到鼎盛，我馆藏有一组红釉瓷器，其中雍正款的祭红梅瓶、康熙款的霁红敞口尊、郎窑红苹果盖罐尤为珍贵。

在陶瓷装饰艺术发展的历史长河中，没有哪一种装饰类型能达到青花瓷那样影响巨大而且流传深远，青花瓷的出现，打破了我国瓷器以单色釉为主的框架，把瓷器装饰带进了釉下彩绘的新时代。

现在发现的成熟的青花制品，为元代后期景德镇所烧造。馆藏的至正款青花褐彩雕花梅瓶，采用了一种新的装饰工艺，通过在瓶的腹部串珠纹内雕镂花朵和枝叶，填以红、蓝两色，在瓶体上营造浮雕的装饰效果。瓷器的肩部两周弦纹下装饰青花水莲纹，近底部两周弦纹上装饰变形云纹及变形草叶纹，瓶底有款识"至正元年九月大元成吉思汗纪国用上内府公用"。瓷器装饰层次多，画面满，但由于处理得当，主次分明，浑然一体，并无琐碎和堆砌之感。青花瓷器的全盛时期是在明代，其中以明宣德所制为最佳，也最珍贵。

宣德青花瓷的青料来源于国外的一种叫作"苏泥勃青"钴矿石。因为这种原料中含铁量较高，往往会在青花部分出现黑色斑点，与浓艳的青蓝色相融一体，使后世极难仿制。宣德瓷器的另一个特点是落款部位很多，不仅出现于底部，也有书写在口、肩、腰、足等部位的。馆藏的青花海水云龙纹缸，釉色浓艳，色泽光鲜，主体装饰纹样海水云龙纹气势雄浑，为大手笔之作，瓷缸的口沿处书有"大明宣德年制"楷书款，正应验了"宣德年款遍器身"之说。另一件宣德款青花麒麟缠枝莲盖豆，造型精巧别致，盖子顶部有两鸟嘴交接，巧妙地构成盖纽，豆身呈球状，高圈足。该器装饰多种纹样，主体纹样为麒麟绣球纹，活泼灵动，情趣盎然。在这一器件中，我们可以明显地看到釉色中沉着的黑色斑点，与浓艳的青蓝色相融一体。

明中期的成化、弘治、正德时期，也烧造出一大批技艺精湛的艺术珍品，比如馆藏正德款青花缠枝莲带盖梅瓶，在装饰方法上运笔纯熟，同时巧妙运用呈色剂性能，来取得渲染的效果，具有浓郁的水墨韵味。

青花釉里红是在青花纹饰间用铜红加绘果实、花蕊等。这一品种由于烧成难度大，一直被视为我国古瓷的名贵品种。馆藏的雍正款青花釉里红仙桃盘，正是这一类中的精品。盘心的主体装饰——仙桃即用红彩点出，在周边环绕的青色枝叶衬托下，分外醒目。

从元代至今近700年中，青花瓷始终是瓷器中的主流。青花瓷器的烧制成功，在中国陶瓷发展史上具有划时代的意义。从此彩绘便成为主流，其他装饰技法如刻花、划花、印花等，都退居次要地位。

彩绘瓷器的出现，是中国陶瓷发展史上的一个重要里程碑。明清两代为我国彩绘瓷器的大发展时期。明成化年间，斗彩发展成熟，斗彩器胎质细腻，轻薄透体，造型匀称端秀，色彩艳丽，工艺精湛。明代嘉靖、万历时期，在成化斗彩的基础上，又创造性地烧成了五彩。馆藏黄地五彩八仙风景方瓶，在颈部黄地上绘有五彩山水，方形瓶身的四面各绘两位神仙骑着瑞兽，画风粗犷豪放，色彩厚重，与黄地对比强烈。而馆藏的五彩龙纹将军罐纹饰丰富，器身装饰五彩双龙戏珠纹，形象生动威武，色彩鲜艳，华丽炫目。

相对明代的斗彩与五彩，清代对于彩绘的巨大贡献则是发明了珐琅彩和粉彩。珐琅彩是国外传入的一种装饰技法，主要有两种，一是源自波斯的铜胎掐丝珐琅，约在蒙元时期传至中国，于明代景泰年间达到了一个高峰，后世称其为"景泰蓝"。馆藏的掐丝铜胎景泰蓝四喜罐，通体以蓝釉作底，罐身满绘仙鹤、神鹿、松树、灵芝、瑞草、山川、河流、云彩等纹样，风格朴拙，无丝毫匠气，器身体量庞大，堪为重器。另一种画珐琅工

艺来自欧洲，是在清康熙年间开始传入中国。应用这种工艺在瓷胎上绘制的画珐琅称为"瓷胎珐琅"，即珐琅彩瓷，是瓷器与画珐琅制作工艺的完美结合。馆藏的康熙款景泰蓝珍珠花卉葫芦瓶，通体施景泰蓝釉彩，在金彩的缠枝花卉上，缀满白色点彩，在蓝彩和金彩的映衬下，就如同晶莹的珍珠镶满壶身，精美异常。

康熙年间，具有我国陶瓷的独特装饰风格的粉彩逐渐形成，雍、乾两朝达到鼎盛阶段。粉彩是在康熙五彩的基础上受珐琅彩的影响而产生的新品种，其效果较淡雅柔丽，视觉上比五彩软，所以也称"软彩"。馆藏的粉彩八宝贲巴瓶，系清乾隆时创制的宫廷供器，形制来源于藏传佛教中的法器。器身主体纹饰为法轮、宝瓶、法螺等多彩八宝纹，以缠枝莲纹连为一体，瓶身上下满饰纹样，华贵富丽。

兼具素瓷和彩绘瓷两者特色的素三彩，是明清瓷器工艺的另一大创造。馆藏的黑地素三彩花鸟天球瓶，在通身的黑地上，以黄绿彩绘出鸟雀和花卉，以紫彩绘画梅枝和假山，由于黑彩的应用，更加衬托出画面上的黄、绿、紫、其他等颜色的色彩明度与彩度，使得画面产生出独特的艺术效果。这件器物确是素三彩瓷器中极为罕见的精品。

中国瓷器创生于民间，凝聚着广大劳动人民的智慧，那变化多端的造型和生动多姿的纹饰，那素净雅致以及绚烂华丽的釉彩，无不体现着他们不竭的想象力和创造力。两宋时期设立的官窑制度，使瓷器艺术风格出现民窑和官窑的分途。民窑扎根于人民的生活，无论是造型和装饰，都体现了一种淳朴之美。官窑由于限制少，又有官方的财政支持，在发展进程中兼容并蓄，博纳众长，使得瓷器的工艺日益精湛，装饰也日益精美，成为

中国艺术中的一朵奇葩，与民窑一起，维系着中华民族的文化和艺术之魂。

华通博物馆的瓷器收藏以明清为主，上起南北朝，下至民国，既有朴素大方的素瓷，又有色彩缤纷的彩瓷，其中尤以明代的青花瓷最为出彩。从造型来看，罐、壶、瓶、盆、碗、尊、炉、洗等形制样样俱全，纹饰上从各种吉祥图案到山水人物题材丰富多样，华夏瓷器演变发展的一千多年历史浓缩于此，就如同华夏民族生生不息的生命创造之歌中最绚烂的部分，让人难以忘怀！

┃第三章┃书画艺术 ┃

中国书画艺术的传统渊源流长，早在新石器时代大汶口文化的陶器上，就发现有"日、月、山"这样叠加在一起的象形图案符号，此外，从传统汉字的构造规则来看，象形字在早期的文字中占了多数，殷商时期的甲骨文就像一幅幅文字画，生动形象，这有力地证明了"书画同源"之说。此后汉字不断演化，直至创造出狂草那样高度抽象、具有舞蹈、音乐般节奏和韵律的线条艺术，而绘画也最终发展成诗、书、画、印高度统一完善的文人画体系。

中国的文字在其书写的历史过程中演化出篆、隶、真、行、草等书体，发展成博大精深的一门艺术。书法这一艺术形式在魏晋时期形成了以"书圣"王羲之为代表的"风神秀逸"的"帖学"传统，影响深远。

明代的书法大家董其昌就是"帖学"系统中杰出的代表，作为继元代赵孟頫之后的最后一位帖学集大成者，"明四家"之一的董其昌书风秀美典雅，馆藏的这副《行草》手卷乃是董其昌意临书圣王羲之的法帖，作品笔画圆劲秀逸，用笔精到，立意高远，风华自足，文人的闲情逸趣和灵气才思充溢其间。启功先生作为现代的一位帖学大家，其高尚的人格和渊博的学识造就了先生的俊秀而洒脱、端庄而灵动的"启功体"，为世人所称道。馆藏的这副《行书》中堂结体精严，用笔爽利纯净，瘦劲和畅，点画之间皆渗透有清刚雅正之气，于中正端庄中见灵动飘逸。

中国的传统绘画艺术自魏晋以后发生了极其重要的转折，绘画由起初的政教伦理等实用功能逐渐回归到表情达意的艺术本体，这使得以人伦教化为主的官方艺术让位于以情感表现为特质的文人艺术。从宋代开始，寄寓文人士大夫情怀的山水画逐渐成为绘画的主流，花鸟画也紧随其后，而唐代以前人物画一统天下的格局从此不再。"中国文艺出于道家"，中国传统艺术的真正主线开始凸显出来。经过不遗余力的努力，明中期以后，文人士大夫把文人画发展成诗、书、画、印融为一体的高度完美的艺术形式。其时，董其昌提出"南北宗论"，以笔墨韵味来衡量作品格调的高下，推崇南宗而贬抑北宗，从而确立了后世中国传统绘画的审美倾向和标准。

馆藏的《云膚万墶图》山水长卷，系明代"吴门画派"的领军人物文徵明的高足——钱穀所作，作品笔墨清润，色彩淡逸，有着典型的文人画悠远雅逸的意境。清代中期，以写意花鸟画为主的"扬州画派"崛起，该派以表达强烈个性、风格标新立异而享誉一时，馆藏的徐邦达仿金农《罗汉图》意境隽永、古雅拙朴；黄慎的《渔舟图》以草书笔法入画，笔姿放纵，气象雄伟。最为精彩的莫过于李方膺的《花木真迹》册页，笔墨、设色皆极为精妙，他的作品丰富、发展了写意花鸟画的表现情趣与技法，堪称同类作品中的极品。吴昌硕堪称篆刻、书法、绘画三艺精绝，被公推为 "后海派"艺术的开山代表。馆藏的这副《墨竹》图中，他把书法、篆刻的运刀和章法融入画面，布局新颖，笔力浑厚老辣，气势雄强。

在中国社会迈入现代以后，传统的中国画面临着诸多的挑战，同时也面临着新的历史发展机遇。对于中国画的何去何从，艺术家们意见不一。以齐白石、黄宾虹、张大千、潘天寿、傅抱石等以及晚近的一些中青年画家为代表，他们在艺术创作中，主张以传统中国画的笔墨语言为本位，在其内部寻求变通。而以徐悲鸿、林风眠、吴冠中等以及当下的一些中青年画家为代表，他们强调在艺术创作中借鉴西方艺术的思想观念和技巧手段，突破传统的笔墨程式的限制，让中国画呈现出新的面貌。

黄宾虹是中国现代绘画史上与齐白石齐名的山水画大师，画坛有"南黄北齐"之说。先生于晚年形成的 "黑、密、厚、重"、"浑穆华兹"的画风，把中国山水画提升到一个新的艺术境界。馆藏的黄宾虹《黄山天都峰》，描绘的是黄山天都峰的景致，作品笔法遒劲，貌拙气酣，画面清妍秀润，意趣生动。张大千是集中国传统艺术精髓于一身的巨匠，徐悲鸿曾发出"张大千，五百年来第一人"这样的慨叹，可见其艺术成就之高。张大千的山水画继承传统，遍临诸代大家之作。此件藏品《秋江钓艇图》画风清新俊逸，不同于他50岁以后的"瑰丽雄奇"和60岁以后的"苍深渊穆"，应为张大千40岁以前所作。

在论及拓展与丰富传统山水画形式语言方面，傅抱石和陆俨少可谓功不可没。其中傅抱石独创的山水画新皴法——抱石皴，风格独具，馆藏的《浅泽山水》横幅，气象磅礴，抱石皴的运用达到了看似随手涂抹但皆

得神髓的自由境界。与傅抱石相呼应，陆俨少以 "陆氏云水"新程式独步画坛。他的这幅《峡江图》，用其独创的"墨块"、"留白"来勾画云水山石，渲染出舟船穿行于激流险滩、旋涡飞沫的惊心动魄的气氛。

馆藏的山水画精品中，溥心畬的《山水墨稿长卷》特别值得一提。作品全景式构图，布局恢弘，结构谨严，其中的山川树木、水口瀑布等景致皆由墨色勾勒而成，用笔挺健劲秀，真所谓铁划银钩，将北宗这一路刚劲的笔法特质阐发无余。另外值得关注的是山水大家黄君璧的作品《设色山水》，山峰以近于石涛的渴笔皴擦，形成"毛""厚"的特色；画面中草屋篱舍、竹梅柳槐、高人雅士皆点画森然，自成机杼，深得山川云水之灵性，设色清雅，意境高远。

诗、书、画、印四绝的一代大师齐白石，其艺术修养宏博而又精湛，其艺术创作立足于传统的文人画笔墨，在此基础上融汇了民间艺术的淳朴、率真品质，形成独特的大写意国画风格。馆藏的《指甲花》是白石老人"衰年变法"后典型的 "红花墨叶"风格，笔墨浓淡相宜，色墨对比浓烈鲜明，意境自然清新，生趣盎然。

与齐白石向民间艺术学习相比，当代岭南画派的代表人物之一——关山月是在致力于传统技法的同时，又坚持深入生活进行写生，汲取创作灵感，他的梅花享誉天下，有"当今画梅第一人"之称。馆藏的《梅花长卷》是关山月的代表作，那遒劲如铁的枝干间缀满的如繁星般一样绵密的梅花，那激昂的气势，分明是一曲生生不息的生命赞歌。

在传统的人物画创作理论中，魏晋时期顾恺之提出的 "传神写照，在阿睹之中"之说可能是最有代表性的了。馆藏吕凤子的《执杖罗汉图》，可谓深得顾恺之这

一理论的妙旨。图中那怒目而视的罗汉，生动地传达出了人物刚正不阿的精神风貌，实在是大家手笔。而享有"当代画僧"之称的史国良，在其作品《放猪图》中，则通过人物的身体动态来达到传神的目的，与前者有异曲同工之妙。

作为融和派的关键人物，徐悲鸿将西方的写实技巧融入中国传统绘画的笔墨语言中，从而为传统艺术的革新开拓了广阔的道路。他因此被国际美术评论界称为"中国近代绘画之父"。在馆藏的《猫石图》中，徐悲鸿运用西画的解剖、透视技巧和非凡的形象记忆能力，把猫的娇敏描绘得淋漓尽致。

巴蜀之地自古以来就人杰地灵，名家辈出，华通博物馆书画厅对本土艺术家作品的收藏是其另一特色。其中清代四川梁山（今梁平县）的僧人画家竹禅的一堂屏，作品笔墨及敷色皆别成一格，意境古朴高远。画中所题"平安富贵"、"秋色傲霜"等款识，可见其独创的"九分禅字"风格。另一位四川遂宁人张问陶的册页小品，幅幅皆清雅可爱，深得文人画意趣，展示了他在书法、绘画方面的高深造诣。

在现代的川籍艺术家中，石鲁和陈子庄有着举足轻重的地位，石鲁是四川仁寿人，是长安画派的领军人物，因敬慕清代画家石涛和现代著名作家鲁迅而改名为"石鲁"。馆藏两幅他的人物习皆动势夸张，设色大胆，体现了他所一贯追求的的浪漫主义和英雄主义的激情。陈子庄生于四川荣昌县，其画风先后受益于两位现代国画大师黄宾虹和齐白石，后来深入生活，于大量写生中融汇变通，创出新格。馆藏的陈子庄《牡丹图》，用笔简洁生动、率真自然，作品颇具花开烂漫之情，惹人喜爱。作为石鲁弟弟的冯建吴，虽然声名不及哥哥，

但其山水画在西南地区也享有盛名，其影响遍及全国。馆藏的冯建吴山水作品《气象万千》，笔墨苍茫厚朴，用色沉着厚重，线条劲健，风格雄浑。另外，馆藏青绿《嘉陵江汇渝州图》系南充人赵完璧所作，作品描绘了起始于南充的嘉陵江至古重庆渝州沿线几百里的山川水域的透迤风光，笔墨古拙，设色雅净。

华通博物馆书画厅的藏品纵贯古今，如同一座展示中国书画历史的长廊，其中一幅幅的艺术杰作，既再现了古今大家、大师的的艺术风神，也记录了从明清到现代近千百年来中国书画嬗变的艺术足迹。

第四章 | 杂项—散落的珍珠

第一节 | 砖石艺术

1.汉代墓制

汉代是我国古代墓葬方式发生大转变的时代。以前作为墓葬主流的竖穴土坑木椁墓，在汉代变为砖室墓。古人处理死者的方式基本上是根据一套固定的习俗，而习俗可以反映出社会普遍流行的价值观和宗教观，因此习俗的变动也代表人们在某些信仰上，以及其他社会、经济方面的情况有了改变。汉代墓葬形式及种类众多，常见的墓葬类型有土圹木椁墓、崖墓、空心砖墓、小砖拱券墓、石室墓数种。大型土圹木椁墓除帝王外，侯王及达官显贵也多采用。小型的墓为一穴一棺，民间甚为流行，东汉则盛行于四川地区。

四川特色的崖墓是汉代流行于岷江流域的一种仿生人住宅，是凿山为室的墓葬形式。崖墓墓室的结构相当完美，有前室(庭)，后室(象征地面住宅)、耳室(主

人日常休息的阁室），同时还有灶台案柜等。因此，整个墓很像是模仿地面住宅的有一"庭"和"堂"以及多个"室"的庭院。同时，其布局、装饰、壁画等也深受礼制思想的影响，具体反映了这一历史时期的社会生活面貌，比如等级制度、崖墓形制、规模的等级差异，反映了人们住宅的等级建制。《后汉书·冯衍传》记载："凿崖石以室分，托高阳以养仙。"这是崖墓最早见于文献的记载。到唐宋时期，因年代久远，时人不识，崖墓又被附会成了修仙炼丹的神仙洞府。南宋大诗人陆游指崖墓为"古得道之人藏丹之所"。因此，崖墓又被蒙上了幽秘神奇的色彩。

古人普遍认为有灵魂的存在，死者必然到另一个世界像生者一样生活，因此需要生前所需的一切，在丧葬过程中需为死者创造如生前一样的环境条件。所以需要死后也像生时一样衣、食、行、玩。两汉时期，"风水"说、"阳宅"说盛行，人们认为死后命归黄泉，黄泉世界与阳间世界有着同样的社会结构和同样的思想意识，这使得汉代人在死者入葬时不能不考虑周到全面，陪葬的物品也要丰富。

随葬中不可或缺的是葬具。葬具是盛放死者遗体的用具，土葬所用称为棺。据说最早的棺是瓦制的，亦即陶器，商代以后才用木棺。汉代的棺的形式更为多样，常见有木棺、石棺、陶（瓦）棺等，唯独砖棺极少。馆藏的两具砖棺在四川地区也是十分特别和罕见的。

2.砖石艺术

汉初曾流行的黄老思想，在独尊儒术、建立起儒家思想的统治地位之后并没有销声匿迹。汉代人对长生不老、羽化成仙、超越人间生死的追求，使得神仙方

术思想获得了发展的空间。与此相应的是大批成仙故事的出现，如刘向所作《列仙传》，搜集历朝、历代仙人传说，记录下七十一人的成仙事迹。元代方回《桐江续集》卷三三《吴仙诗卷序》："诸子百家分裂殊异，而神仙之说兴，由其说伏羲女娲神农黄帝皆仙也；庄子语言列子伪书皆言仙，以为变形登天；燕齐方士谓证伯侨以至最后仅数五人，而刘向《列仙传》至不可胜数。"可知到了汉代，神仙传说大量增加。这些神话的故事是汉代艺术的重要题材。

西王母是这一时期最为重要的神话形象，从其演变过程可以看到两汉生死观念的演变。在《山海经·西山经》中，西王母本来是半人半兽的形象，"其状如人，豹尾虎齿而善啸，蓬发戴胜，是司天之厉及五残"。后来，西王母由面目丑陋的凶神变成了拥有不死之药的吉神，司马相如称其为"仙灵之最"。但从其《大人赋》的描述来看，形象还是不佳的："然白首戴胜而独处兮，亦幸有三足乌为其使。必长生若此而不死兮，虽济万世不足以喜。"到了西汉后期，就变成高高在上的群仙之首，而且年轻貌美，能帮助世人度过危难，亦不止满足人们长生不老的愿望，而成了万能的救世之神。

西王母不仅渐渐具有了人的形象，还从原来的至尊地位降为人们的希望和守护神，并且还被安排了一个配偶神——东王公，反映了人们希望通过天地间秩序的和谐，获得自我生命和人间的和谐、幸福与永恒。

反映汉代升仙思想的艺术形式最多的是画像石和画像砖。这是一种大致为平面的表现形式，也是一种方便的形式。这些将汉代文化浓缩在石头和砖上的艺术作品，为后人了解当时的社会提供了宝贵的实物资料。汉代的石刻造像有石羊、石马、石蟾蜍、石俑等。

画像砖被砌于古代墓室，是砖室中用于装饰的一种用浅浮雕和线条表现的图画砖。画像砖在四川东汉墓中发现最多，是具有鲜明的时代、地域、文化特色的艺术珍品。四川画像砖多为40厘米左右的正方形砖，以及高26、宽46厘米左右的长方形砖。根据对墓室的考古发掘，及对所出土的部分画像砖上所书写的带有标示位置性字样的研究，画像砖在墓室的位置是依据一定的规制排列的。如四川画像砖的排列顺序一般为：墓门处置门阙，依次向内的内容是车骑出行、生产劳动、墓主人的生前活动等，而神话传说等内容的画像砖，一般被安排在后室及侧室的后壁偏高处。

画像砖所表现的题材内容广泛，包括车骑、墓阙、宴饮、乐舞、劳作、燕居、市井、传经讲学，以及社会风尚、历史故事、神话传说等各个方面，成为汉代社会经济、思想文化的真实写照。画像砖是用木制印模压印在砖坯上，然后再烧制而成，有的还施加彩绘。画像砖每砖为一个独立完整的画面，各砖又有机排列组合起来，形成复杂而生动的组画形式。四川汉代画像砖艺术表现的手法是独具特色的。首先是夸张变形的造型，其次是线条的简约粗犷，构成了古拙的美学风貌，是现实

主义和浪漫主义相结合的典范。它深沉雄大的艺术精神，显示出两汉艺术的颠峰之美。

华通博物馆所藏画像砖包括青龙砖、鱼纹砖、钱纹砖、各种几何纹样砖以及西王母神话砖、反映生产生活、宴乐百戏、故事情节等的画像砖，而每类砖的图像形式又不尽相同。如几何纹样砖有菱形纹、网纹、线纹、回纹、乳钉文、柿蒂纹、四星草纹、联璧纹等等，而西王母砖则配合不同的砖型而创造出西王母坐龙虎座、西王母仙境、西王母与玉兔和三足乌、西王母与东王公等。钱纹砖里更

有非常罕见并有特殊寓意的五铢纹砖。

四川地区画像砖出土主要以蜀地为主。其中，出土于广元、剑阁、阆中、昭化的画像砖有马钱五铢、西王母、凤纹、车马临阙砖，出土于梓潼的画像砖有凤纹五株钱纹、西王母、玄武纹、铭文字砖，出土于德阳、绵阳、江油、三台、射洪、渠县的西王母、庖厨、狩猎、屠猪、市井纹砖，以及芦山出土的十余类铭文字砖、几何纹砖，出土于新津、彭山夹江、新都、广汉、邛崃、大邑郫县的凤纹、联璧纹、蟠纹、柿蒂纹及各种场景图

四川、山东、河南和陕北四个地区。其中四川汉代画像石以内容丰富、题材广泛、形式多样、雕刻精美而饮誉中外。四川汉代画像石主要是石棺、石函、石阙、崖墓等的雕刻。华通博物馆的画像石所反映的内容有社会生活、历史故事、祥瑞神话故事及自然现象等方面。

第二节 ｜ 青铜工艺

青铜时代相当于中原文化的商、周时期，以青铜器为主要造型艺术。青铜艺术是指铜器的铸造工艺、铜器的各种造型以及装饰纹样所形成的艺术特色。青铜器不仅具有生活实用价值，而且具有陈设欣赏的艺术价值，在发展过程中形成各个时期的风格。商代前期，青铜器造型轻薄，纹饰比较简单。商代后期和西周前期，造型厚重华丽，纹饰多为表现神权思想的兽面纹、夔龙纹、各种动物纹和几何纹。西周中期到春秋中期，风格趋向简朴，纹饰多为粗线条的窃曲纹、重环纹等，同时长篇铭文增多。春秋后期到战国，造型轻巧，纹饰多为活泼的动物纹和复杂细密的蟠螭纹、云纹等，也有不少用细线雕刻狩猎、攻战、宴乐等反映现实社会活动的画面，或用金银、红铜、玉石等镶嵌出各种图案。

华通博物馆收藏的青铜器不多，且多是战国至汉代的作品，这一时期的青铜器已经不再像商周时作为礼器精神而存在，主要是生活用器，实用，精美，亲切。

青铜文化在黄河流域发展的同时，在中国的边远地区，同样存在着若干具有地方特点的青铜文化，如甘青地区的有辛店文化、沙井文化与寺洼文化等。在北方地区的夏家店上层文化，出土的青铜短剑有相当浓厚的草原文化特征；在内蒙古鄂尔多斯草原，从商周至秦汉，

纹砖。这些画像砖浓缩了汉代及其前后的人们日常生活、信仰生活、丧俗观念、思想精神体系、艺术观念和审美观念、历史典故神话传说等各方各面的内容，为古人留下的文献资料提供了宝贵的佐证。为我们深入了解汉代提供了活标本。

汉画像石是汉代祠堂、墓室或石阙上的装饰性浮雕艺术，是集绘画和雕塑于一体的艺术形式。它最早出现于西汉晚期，到东汉末年就绝迹了。它的出现和当时世家豪门崇尚厚葬的风气有密切关系，大多产生在汉代经济文化发达的地区。画面的内容大都是围绕墓主的生平、财富和社会生活等方面展开的，既有反映生活场景的车马出行、双阙楼台，又有取材于神话传说的西王母、升仙图，以及表现高超杂技艺术的乐舞百戏，还有反映劳动生产的收获图等。汉代画像石主要分布在

流行着鄂尔多斯式青铜器；在东南地区的浙江、福建等地，至西周末期也产生了青铜文化；两广、四川、云南等地区的青铜文化，具有明显的地方特征。馆藏的"宫廷内宅"错金铜壶，从铜器造型、装饰纹样和铸造技术看，带有楚文化的特点。各地区的青铜文化在发展过程中，还与周围地区接触、交流、融会。

第三节 │ 玉石艺术

"玉，石之美，有五德者"。漂亮的石头都可以称为玉。古人对玉的评价甚高，故自古藏之者众。由于玉的种类繁杂，在矿物学、历史学及考古学上各有不同的分类，加上中国人对"石之美者"的理解，除矿物学外，玉的分类不仅繁杂而且模糊。以矿物学分类，玉可以分为两种，一种是软玉，还有一种叫硬玉（如翡翠）。硬玉具有玻璃的光泽，清澈晶莹。中国传统的古玉大多是软玉(如和阗玉）制品。和阗玉的矿物组成含有蛇纹石、石墨、磁铁等矿物质，形成白色、青绿、黑色、黄色等不同色泽，多数为单色玉，少数有杂色。为半透明体，玉质细腻，抛光后呈脂状光泽，特别滋蕴光润，给人以一种刚中见柔的感觉。华通博物馆所珍藏的玉器多是这种软玉类型。

关于玉德，汉代许慎在《说文解字》中说，玉，石之美兼五德者。以其坚韧的质地，晶润的光泽，绚丽的色彩，致密而透明的组织，舒扬致远的声音，呼应儒家的仁、义、理、智、信，故君子以玉比德，实现人的最高境界。古人心目中的玉，不仅包括真玉，还包括蛇纹石、绿松石、孔雀石、玛瑙、**水晶**、琥珀、红绿宝石等彩石。**中国人爱玉，不只因为玉石本身的材质美，绵延**

的文化长河中，玉已经具备了神化和灵物的概念，成为中国的文化特色之一，启迪着雕刻家的无限灵感。

几千年的玉文化的发展中，虽然玉的雕琢工具没有多大的变化，但玉的工艺越来越复杂，用若干节玉片组成一件完整的玉佩，是战国玉佩中工艺难度最大的，以后则运用普遍。馆藏的玉腰带也是由设计精美的玉片连接而成。宋时玩玉赏玉之风大盛，出现大量制作精巧、加工细腻、构思奇妙的玉摆饰、玉佩件。明清时期，玉器制作及玩赏达到颠峰，品种也更加丰富多彩，小到玉头簪、玉纽扣，大到整片的玉屏风、玉山、玉船。王公贵族还常用玉石来制作日用具皿，如玉碗、玉杯、玉壶等等。馆藏的松鹤童叟玉雕，玉质莹润细腻，柔美亮泽，油润度佳，手感温润舒适。作品用料合理，线条流畅，刻画生动，俏色摘雕惟妙惟肖，巧夺天工，是一款精美的玉质摆饰。

原始彩陶的奇绝、汉代陶艺的神韵、明清瓷器的华彩、现代字画的旷美，华通博物馆展览设计也依循了这种内蕴丰富的文化发展脉络。今天，当我们阅读这一件件物质文化和精神文化的结晶时，如同翻阅一部部宏大的史诗，这美丽、深邃、绚烂的篇章无不揭示着一个庄严的主题，人类在对自然和自身的探求中，环境的严酷和自然的灾难并不能使人类退却，生存与美的追求始终相随，希望和现实永远相伴。华通博物馆是综合反映数千年社会演进状况、人的生存情境和浓缩着精神世界的一本独特史书，值得我们细细品读。

西蜀汉陶赋

为华通博物馆题壁

魏明伦

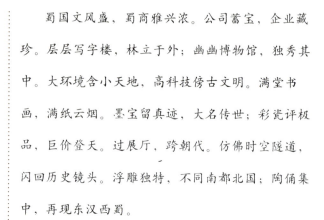

蜀国文风盛，蜀商雅兴浓。公司蓄宝，企业藏珍。层层写字楼，林立于外；幽幽博物馆，独秀其中。大环境含小天地，高科技傍古文明。满堂书画，满纸云烟。墨宝留真迹，大名传世；彩瓷评极品，巨价登天。过展厅，跨朝代。仿佛时空隧道，闪回历史镜头。浮雕独特，不同南都北国；陶俑集中，再现东汉西蜀。

秦俑威严，川俑乐观。武士站岗，不拈花亦微笑；农夫荷锸，有结果更开心。神兽辟邪，面含喜色；飞羊托福，翼兆吉祥。东汉蜀商发达，蟾蜍早插摇钱树；成都川菜兴隆，饕餮老牌美食家。驷马出行，联想一队轿车，古也神气，今也神气；二仙对弈，譬如几桌麻将，赢也痴迷，输也痴迷。西蜀秘戏俑，川人繁衍图。祖先若不秘戏，子孙焉得流传。开怀哺乳俑，一腔舐犊情。天大地大，不如慈母恩情大；蔗甜蜜甜，怎及乳峰奶水甜。满口诙谐，说唱俑嘻皮笑脸；造型奇特，男子汉丰乳肥臀。阳秋隐在嘻皮里，芒刺藏于笑脸中。似川剧花子骂相。比秦淮麻子说书。花椒红椒，天生麻辣；白猫黑猫，土产聪明。看馆中舞俑成队，知当时宴会成风。座上听琴，贵妇粉肩半露；席间起舞，乐伎长袖轻舒。校书伴酒，文才远胜三陪女；墨客添杯，琼浆不亚五粮液。菜谱多佳肴，来自杨雄蜀都赋；沐浴非桑拿，早于贵妃华清池。庖厨俑为君开胃，捧镜俑为卿美容，拍鼓俑为客助兴，武士俑为主保安。餐后品茗，诸公大摆龙门阵；醉里划拳，谁人乱发鸡爪风。宠物好玩，汉代流行犬与马；爱情更雅，琴台传诵凤求凰。美哉！天府乃美食之府、成都乃休闲之都。陶俑是形象大使，古董是时尚新闻。

辞赋亦庄亦谐，人间有乐有忧。

精英笔墨、栋梁文章。登上岳阳楼，追随范仲淹：吾辈先天下之忧而忧也！

糊涂笔墨、游戏文章。站立川西坝，化身说唱俑：本地先天下之乐而乐哉！

公元二〇〇五年六月醉笔

目录 Contents

目录

目
录

陶 器
Pottery

陶器 ——| Pottery |—— 036~097

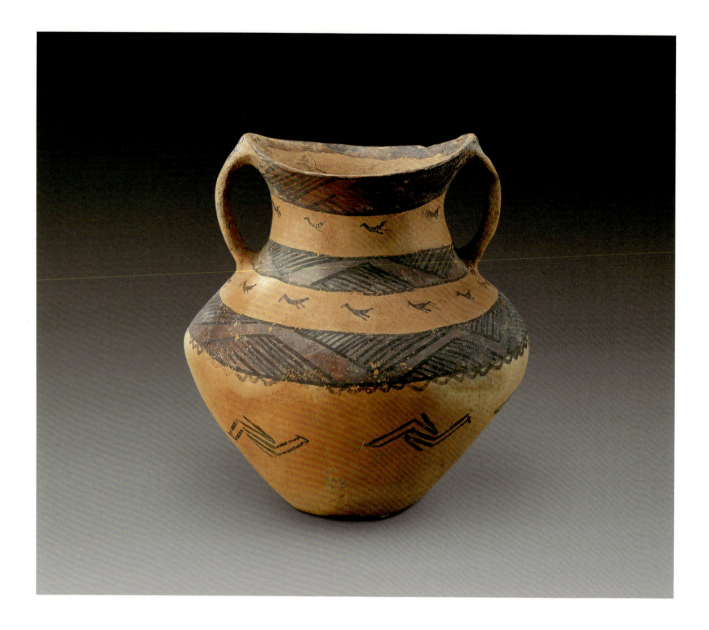

马鞍口动物纹彩陶双耳罐
Painted pottery kettle with designs of animals and saddle-shape mouth

新石器时代 通高21.8厘米，腹径21.4厘米

泥质红陶。马鞍形口，斜肩，扁鼓腹，下腹斜收，小平底，宽带状双耳。口沿内饰宽带纹，口至肩饰三条黑色、紫红色带状纹，带为长短斜线构成的颠倒三角形，形成折线纹。三条带之间饰鸟纹，腹部饰回折纹。该器纹饰疏密有致，具有很强的装饰性。

葫芦网纹彩陶双耳罐
Cucurbit-shaped pottery pot with designs of lattice

新石器时代 通高29.5厘米，腹径30厘米

泥质红陶。直口，直颈，斜肩，扁鼓腹，下腹斜收，小平底。口沿外有一对冠形耳，腹部有两个桥形耳。领部绘网格纹和三角纹，其下装饰多条弦纹。肩、腹部以黑色和紫红色绘出葫芦纹、网格纹、菱形纹等纹饰，下腹素面。胎质细腻，器表打磨光滑。

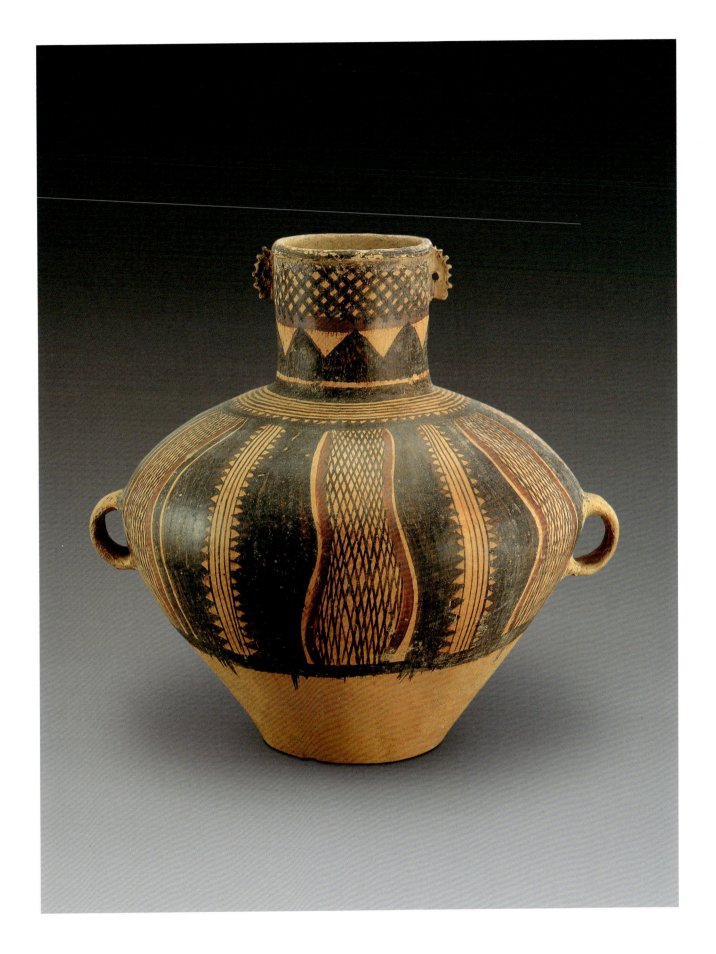

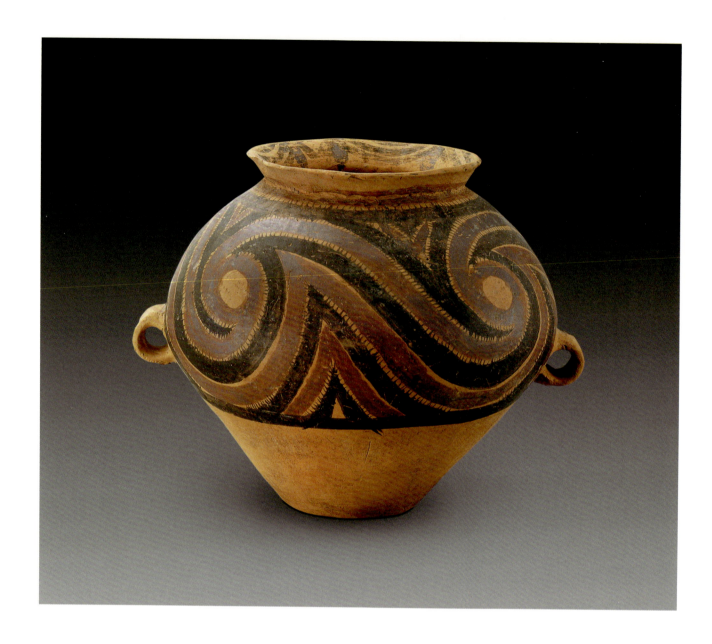

螺旋纹彩陶双耳罐
Painted pottery pot with designs of helixes

新石器时代 通高27.5厘米，腹径31厘米

泥质红陶。口沿外侈，薄唇，短颈，圆
肩，圆腹，小平底，腹部两侧有桥形耳。
口沿内装饰六组帷幔纹，肩部饰四组红黑
宽边锯齿螺旋纹。彩绘线条流畅，富于变
化，与造型协调一致。

波浪纹彩陶双耳罐
Painted pottery pot with designs of swirling lines

新石器时代 通高28厘米，腹径32厘米

泥质红陶。直口卷沿，直领，圆肩，下腹
内收，小平底。口沿外有两对冠形耳，腹
部有两个桥形耳。颈部饰网格纹和宽带弦
纹，肩饰四组黑红弧线加点绘，腹部饰四
组回漩涡纹，下腹素面。该器造型稳重，
图案规整，制作精美。

 陶器
Pottery

黑陶双大耳罐
Black pottery kettle with two ears

西汉 通高21厘米，腹径23厘米，口径12.8厘米

泥质黑陶。口呈桃核形，口沿外侈，束
颈，斜肩，扁鼓腹，小平底，宽带双耳。
从口沿至肩部左右对称，棱线分明。领部
装饰三周细划纹，腹饰两组相切的圆圈
纹。器表光洁，器形优美，含蓄内敛。黑
陶双耳罐多出土于川西的汉代石棺墓中。

陶器
Pottery

执簸箕俑
Pottery figure of man holding a dustpan

东汉 通高11厘米

执簸箕俑在东汉的劳作俑中并不多见。簸
箕是汉代四川地区的农民用来清理谷物的
农具，将需要清选的谷物置于簸箕中。
现在有的地方还继续使用。此俑为泥质红
陶，头戴平顶帽，右衽，挽袖，着短裙，
双手执簸箕，似乎正在扬起箕中的谷物。
虽然眉目不清，但形神兼备，头微微上
仰，带着天府农人富足的笑。

武士俑
Pottery figure of warrior

东汉　通高118厘米

泥质灰陶。头戴圆顶冠，身着曲裾深衣，右衽窄袖，腰间束带。下着裤，打绑腿，足穿草鞋。左手持盾护于体侧，右臂高举，手中应持有剑戟之类武器，腰间挂缠柄长刀。在四川，东汉中后期墓出土的执刀俑、执盾俑这类武士俑，体形一般比较高大。该俑蚕眉高挑，身形挺拔，表情平和，面对这样的武士俑，很难跟战争联系在一起。

农夫俑
Pottery figure of cottier

东汉　通高105厘米

泥质灰陶。头戴平顶帽，身着曲裾深衣，右衽束袖，短裤草鞋。腰间系带，挂满五件、环首刀、剑等。右手握锸，左手执箕，双脚开立，脸部丰满，微露喜色。在汉代四川，农夫俑是模拟汉代现实生活中农夫的真实形象而塑造的。关于农夫俑佩刀，一说当时亦农亦兵，一说汉时开山挖渠时常需要砍伐荆棘，这些都反映了汉代四川农业经济的发展。

扛罐俑
Pottery figure of man carrying two kettles

东汉 通高12厘米

泥质红陶。椎髻束发,右衽束袖,身着短裙,有带扎于腰间。裙刚过膝盖,露出里面的裤子。有裆裤子在汉代多于劳动时穿着,更加方便。该俑一手扛罐于肩,另一手提罐行走,头微仰,表情祥和。东汉时期,此类小俑多为捏塑,用阴线刻画出衣服的纹理,简洁生动,小巧传神。

负子俑
Pottery figure of woman holding a kid on her back

东汉 通高19.8厘米,肩宽5.5厘米

泥质灰陶。母亲束高髻,右衽宽袖,用一条挂布带将幼儿裹于背上。头微右扭,似乎在行走中不时地回头张望,给幼儿以安慰抚贴。一张一顾,一举一动,无不透露出母子的深情厚意。表现母抚子的题材在汉代是十分普遍的,展现出一幅幅温情脉脉的人间美卷。

哺乳俑

Terracotta figure of woman feeding baby

东汉　通高22.8厘米，宽12.5厘米

泥质红陶。母亲椎髻束发，戴帻头，可见发簪。圆领右衽，宽袖，右手环抱婴儿，跪坐，面露喜色。婴儿于母亲的怀中，安祥恬然地吮吸着母亲的乳汁，慈母的关怀与体贴，在深情的目光和甜蜜的神情中被反映得丝丝入扣。在汉代母抚子的题材中，除了负子俑，较多的就是哺乳俑。

庖厨俑

Terracotta figure of cook

东汉　通高47厘米，肩宽19.1厘米

泥质红陶。头戴卷云冠，身着两层深衣，右衽束腰，曲裾窄袖，袖口上卷，舒心跪坐。一案置于体前，案上清晰可见一鱼。此俑左手按鱼头，右手执刀，满脸堆笑，心情十分愉快。

玩鸟童俑
Pottery figure of kid holding a bird

东汉 左：通高16.4厘米 右：通高19.6厘米

较小的一俑为泥质灰陶。椎髻束发，五官模糊。圆领长袖，直裾长裙。左手牵衣作步行状，右手托小鸟于胸前。另一俑为泥质红陶，不见发髻，头部前发作刘海式。圆领右衽，宽袍大袖，束腰长裙。右手牵衣，左手托一小鸟。

荷锄俑
Pottery figure of woman holding hoe

东汉 通高22.7厘米

泥质红陶。头戴宽沿尖帽、左肩荷锄，身体微向左倾。右手抚耳，张嘴似在大声吆喝。该俑为泥条捏塑、风格稚拙，简化所有的细节，现代感十足。五官均被省略，随意戳一孔代表嘴巴，十分有趣，恰似玩泥巴的小孩随性所为，率真质朴。

吹箫俑
Pottery figure of a man playing flute

东汉 通高27厘米，宽18.2厘米

泥质灰陶。头戴平顶帽，身着曲裾深衣。
交领右衽，宽袍大袖，袖口紧窄，束腰。
跪坐，两手执箫，双目微闭，轻抿口，缓
送气，悠悠然，陶醉于自己创造的天籁
中。四川汉墓中出土的吹箫俑，通常与舞
蹈俑、抚琴俑、击鼓俑等配合出现，在乐
队中居于和音伴奏地位。

抚琴俑
Pottery figure of a man playing *Qin*

东汉　通高23.8厘米

泥质红陶。头戴巾帻、系结于脑后，圆领右衽，宽袍大袖。屈膝跪坐，有琴置于腿上，琴柱清晰可见。左手抚琴，右手弹拨，头微扬，旁若无人，似乎正弹奏在乐曲的激扬处。该俑对人物服饰、面部表情、动作神态等刻画得细致入微，充分展示了人物灵魂的涌动和思想的张扬。

舞蹈俑
Pottery figure of dancer

东汉　通高27厘米

泥质红陶。头梳高髻，圆领右衽，宽袍广袖。舞者右手拽裙，左手上扬，身体扭动成"S"形，灵动优美，表情欢畅。袖多褶成荷叶边，增加了舞蹈者的美感。汉代艺人紧紧抓住了舞者神情面貌的精彩瞬间，予以精心刻画，始终瞄准舞者的曼妙身姿、轻盈步态予以传神描绘，特别是对面部、腰部、袖部的重点塑造，使得一个个舞俑尽管历经二千余年沧桑岁月的风雨洗刷，于今人看来同样感到心灵的感憾和视觉的冲击。

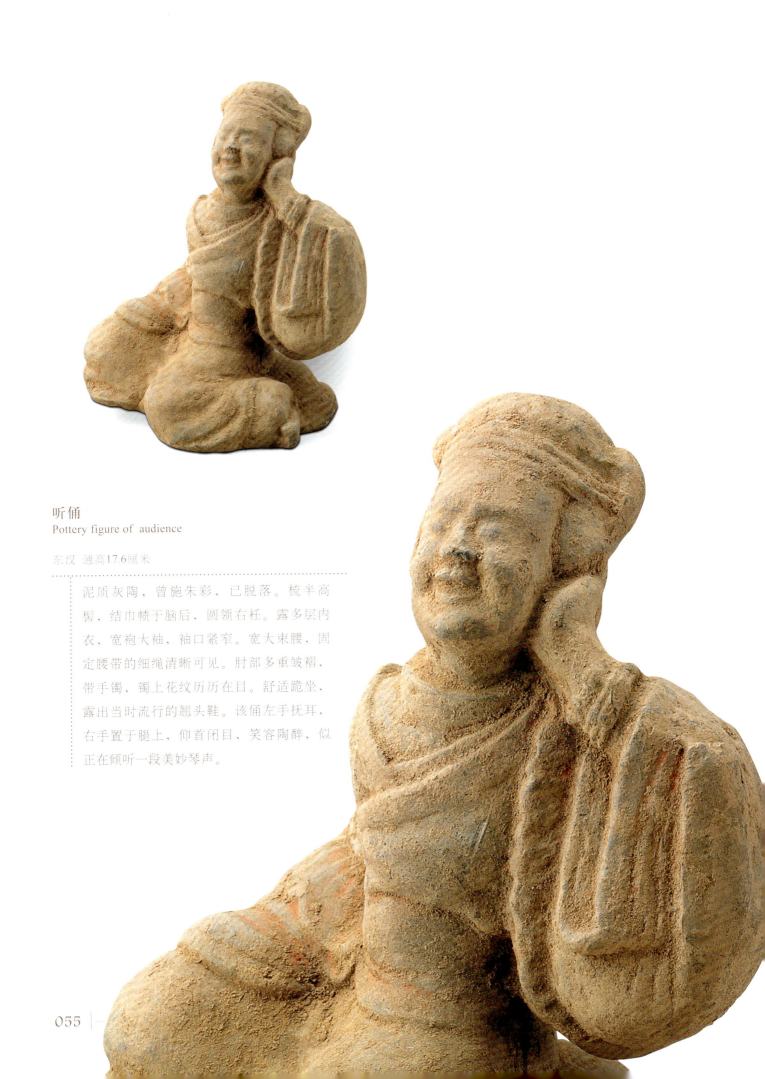

听俑
Pottery figure of audience

东汉 通高17.6厘米

泥质灰陶，曾施朱彩，已脱落。梳半高
髻，结巾帻于脑后，圆领右衽。露多层内
衣，宽袍大袖，袖口紧窄。宽大束腰，固
定腰带的细绳清晰可见。肘部多重皱褶、
带手镯，镯上花纹历历在目。舒适跪坐，
露出当时流行的翘头鞋。该俑左手抚耳，
右手置于腿上，仰首闭目，笑容陶醉，似
正在倾听一段美妙琴声。

伎乐场面
Performance scene from han dynasty

陶器
Pottery

捧镜俑
Pottery figure of man holding a mirror

蜀汉 通高61.6厘米，肩宽26.8厘米

泥质灰陶。头戴扇状幞头，身着三重深
衣。右衽束腰，宽袍大袖，袖口收紧，肘
部装饰荷叶边。分腿跪坐，左手捧镜于胸
前，右手牵裙。嘴和眼睛都笑成了月牙形
状，可以看出其心里的欢喜。此俑在东汉
末年已经属于大型俑，头与身体一般分别
烧造。

陶器
Pottery

执铡刀俑
Pottery figure of a man holding a hay cutter

东汉　通高14.2厘米、肩宽4.2厘米

泥质灰陶。椎髻束发、窄袖短袄、裤管上卷。双手握铡刀、左脚在前、右脚在后、蹲踞式站立。向右扭头、扬眉闭目、咧嘴大笑、似在与某人愉快交谈。四川汉代的农人大概都是集体劳作、一边劳动一边拉家常、轻松愉快。此俑比例得当、小巧精致、神形兼备。

镇墓神
Deity for protecting tomb

东汉　左：通高125.5厘米　右：通高115厘米

均为泥质灰陶。较大的一尊镇墓神头戴宝
冠，龙角兽耳，鹰鼻鼓眼，龇牙咧嘴、面
部狰狞，舌长及胸。身着束腰短裙，挽袖
绑腿、脚穿草鞋。右手执斧，左手已将蛇
捉住。另一尊镇墓神身着铠甲，两臂膀各
装饰一铺首。这种凶恶的形象可以镇扼心
术不正的人和鬼。汉代人认为，镇墓神是
面恶心善的神，一般被放置在墓门外，保
护墓主人。

陶器
Pottery

铃铛
Small pottery bell

汉代 左：通高22.1厘米 中：通高8.1厘米 右：通高
11.3厘米

均为泥质灰陶。最大的一件头似猫头鹰，
有山形角，高鼻深目，略呈喙嘴，身体为
圆钟形，内有舌，舌已掉。中间的一件椎
髻脱落，鹰勾鼻，半圆耳，下颌突，身体
呈倒喇叭形。右侧的一件有椎髻，鹰勾
鼻，下颌突，袖子拢于身前，体呈钟形。
这类铃铛形状的异形俑在汉代一般也是起
镇墓作用，保护墓主人能顺利升天。

井
Pottery well

东汉 通高30厘米，口径7.5厘米

泥质灰陶。四面坡庑殿顶，有井架、中间有
辘轳，下为井。在汉代四川，"蓄井以灌
田"，井在汉代生活中占有重要位置。从四
川出土的陶井看，多为仿木石结构，形似长
筒，上置提梁形井架，或置四阿式井亭，井
架设有横梁，梁下安装滑轮。该陶模型真实
地再现了当时的水井之附属设施。

陶楼
Pottery storied building

东汉 高158厘米、宽112厘米、厚46厘米

东汉崖墓中出土，四重楼宇。顶层五脊分
檐。脊上有瑞鸟异兽。自上而下第二层为
歇山式，斗栱梁架、米字格窗，门敞开，
门楣上一幅圆镜，映日月星辰，照人衣
冠。墙的转角处有锁榫，四面出檐，廊道
相通，气势磅礴。最下面两层均有双扇
门，上有铺首衔环，半掩半开，似有人进
出。每层楼是使用分体组合，扣榫连接。
东汉墓葬中的陶楼是东汉建筑的活档案。

碓房
Pottery gristmill house

东汉 通高66厘米、面阔48.4厘米

泥质灰陶。房分两部分，上层是房屋，下
面是干栏式结构。房屋为两面坡顶，有室
三间，活动正门。宽阔的前廊建在有四柱
的横枋上。枋下原本有双碓，可以用脚踏
的方式加工谷物，现在碓已失，可见残
痕。这种样式的建筑在汉代川西及西南少
数民族地区十分流行，现在同样实用。

陶器
Pottery

鸡
Pottery cock and hen

东汉 左：身长28厘米，通高21厘米 右：身长25厘米，通高16.5厘米

均为泥质红陶。公鸡头有冠、直脖翘尾、两脚直立，五官省略。用凹线刻画羽毛等细节，用笔简洁，但雄赳赳、气昂昂的气势展现得淋漓尽致。母鸡略小，头微向下，收羽直立，显得十分温顺。在四川汉墓中，陶鸡的出土量很多，这些陶鸡无不表现得形神兼备，气韵生动。

犬
Pottery standing dog

东汉 身长45厘米，通高33.2厘米

泥质红陶。脖带项圈，项圈上有环。四肢站立，轻微前蹬，立耳瞪眼，龇牙伸脖，成狂吠状，似乎正在忠实地给主人看家护院。四川新津汉代陶犬的出土量很大，这些陶犬无论是四肢矫健的猎犬，还是两目狰狞的护犬，还是温顺闲适的宠物犬，或静卧，或匍匐，或纵跃，都刻画得形象生动。

牛
Pottery cattle

东汉 身长26厘米，身高23厘米

泥质红陶，一牛角残缺。四肢站立，扬头鼓眼。体形较小，风格稚拙。在四川汉墓，陶牛的出土数量并不多，出现频率和表现形式也远不如汉画中的那样丰富、鲜活。

陶器
Pottery

羊
Pottery sheep

东汉　身长25.6厘米，身高20.3厘米

泥质红陶。四肢直立，卷云状角，背有一孔，应该是某物的插件。羊者，祥也。古人认为羊既通人性，又能驱邪迎祥。在摇钱树座中，羽人乘羊的造型较多，但独立成形者少见。

辟邪
Pottery figure of *PiXie*

东汉　身长36厘米，身高45厘米

泥质灰陶。四肢前踞后蹲，肥硕有力。怒目敛翼，张嘴吐舌，獠牙外露，体魄雄健，昂首挺胸作长啸状。竖耳拱背，似欲扑击，有气吞山河之势。整体曲线优美，稳健中富于动感，线条婉转流畅。

轺车
Pottery Carriage of officer

东汉 1.马通高115.5厘米、车轮直径86厘米 2.马通高
108厘米、车轮直径78.5厘米

轺车为一匹马驾驶的轻便车。均为陶质，
由车舆和马组成，原伞盖已遗失。马的肌
肉富于质感，膘肥体壮，眼大口张，造型
夸张，作昂首嘶鸣状。马颈上套轭。车的
造型则轻便简洁，车轮也较大。双辕、辅
式车轮，车轮中心插轺毂，斗状车舆。车
与马形成鲜明对比，使人们在视觉上感到
车轻马壮。

马
Pottery horse

东汉　通高45.5厘米，身长39.3厘米

泥质灰陶。直脖张嘴，仰首嘶鸣，鞍辔齐
备，束尾上扬，抬前左蹄。在古代，马
是重要的武备。"甲兵之国本，国之大
用"。另一方面马又被视为威仪的象征，
古人认为，马作为圣王之嘉瑞，可以乘之
而仙。

陶器
Pottery

明墓仪仗俑
Honor guard figures in Ming tombs

明代

这组明彩陶俑小巧玲珑，神态各异，栩栩如生。均为釉陶制作，一部分施全黑釉，一部分施以绿釉，这在明代陶俑中是十分珍贵的。共有400多件，陶俑的高度为20～30厘米，从形制、服色以及所执的仪仗上可明显分为文官俑、武士俑、乐俑、仪仗俑、侍俑、骑马俑等几大类。以轿为中心，分列抬轿俑、鼓吹俑、仪仗俑、乐俑、文武百官俑等，风格趋于写实，缺少抽象与夸张。既表现出高官出行的威武场面，又展示出高官日常的生活内容，其种类数量众多，内容广泛，形象生动，色彩绚丽，制作工艺精湛，为明代的上乘之作，为研究明代雕塑工艺、造像艺术、服饰文化乃至整个明代历史，提供了极其难得的实物例证，真实地展现了明代的衣食住行和殡葬礼仪制度，对研究明代生活及丧葬文化具有很高的文物和考古价值，同时也展示了明时雕塑艺术的发展情况。

陶器
Pottery

武士俑

Terracotta warriors with decoration in three colors

明代 通高86.5厘米

直立，长髯，两手握拳呈执旗状。身着明
代武士盔甲，戴武士头盔，有缨和护耳。
俑的脸形丰满，眉目清楚。器表施黄、褐
釉和黑色釉，盔甲上还贴有有金箔。神态
生动，老当益壮，雄威犹在。

绿釉龙头
Green glazed Long head sculpture

明代 高31.2厘米、厚18.5厘米、长33.6厘米

陶质。狮形头，顶有两孔，无角。卷云状
龙须、龙身饰鱼鳞纹，两边有鸡爪状脚。
器表施绿釉。

"永平三年三月"纪年砖
Brick for counting the years with yongping third year march

东汉　长38厘米，厚6.3厘米

"永平十八年"纪年砖
Brick for counting the years with　yongping　eighteenth　year

东汉　长26.1厘米，厚7.4厘米

"元和三年八月"纪年砖
Brick for counting the years with yuanhe third year august

东汉　长24厘米，厚8厘米

"永元三年"纪年砖
Brick for counting the years with yongyuan third year

东汉　长28.9厘米，厚7.9厘米

纪年砖的的形状有长方形、楔形，质地有红陶、
灰陶，尺寸也不等，是给一个墓葬断代的重要依
据。永元是汉和帝的年号，永元三年是公元91
年。元和是汉章帝的年号，元和三年是公元86
年。永平是汉明帝的年号，永平十八年是公元75
年。由此可以断定，出土上述墓砖的墓葬的年代
都是东汉初年。

铭文砖
Bricks with inscription

东汉 长41.2厘米，宽21.5厘米，厚10厘米

古代的墓室中除了带有纪年的铭文砖以外，还常发现印有吉祥文字的铭文砖。这组铭文砖两两相对，形成一个完整的画面。均为长方体，砖体厚重，侧面用阳线刻五铢钱纹和"宜子宜贵"铭文。

西王母龙虎座纹画像砖
Picture brick of *Xiwangmu* in tiger and Long seat

东汉 长25厘米，厚10.9厘米

西王母画像砖
Picture brick of *Xiwangmu*

东汉 长32.7厘米，厚11厘米

这两方画像砖都是边砖，平面呈长方形，古朴厚　式。上为浅浮雕。西王母正面端坐，头戴胜，身
重。图像均是汉代流行的西王母题材，西王母端　旁有仙人、玉兔。
坐正中。龙虎胁侍是汉代四川地区典型的图案形

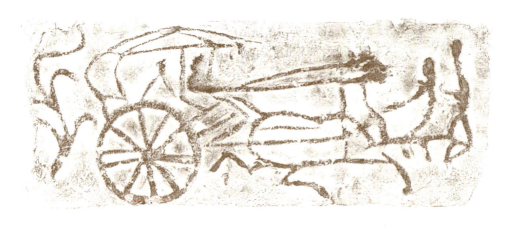

车马出行画像砖
Picture brick of pattern to going on a tour by carriage

东汉　长26.5厘米，厚10.5厘米

上砖长方体、厚重，阳线刻，用笔简练，
古朴大方。两边装饰花草，中央为一辆单
乘轺车，车轮辐毂清晰。马匹四蹄飞扬。
车上坐二人，右前一人手执辔绳，为御
者，左边头戴冠者为车主。

双骑画像砖
Picture brick of two riders

东汉　长25.7厘米，厚8.8厘米

下砖上浮雕装饰，为小吏骑马持节出行，
中间间隔两枚五铢钱。马和人物的比例合
理，没有细节刻画，精练简洁。

陶器
Pottery

鱼纹画像砖
Picture brick of fish pattern

东汉 上：长24厘米，厚10.5厘米 下：长36.5厘米，厚8厘米

在四川汉代文物中，鱼的形象并不少见。古人认为，鱼、龙同属，能预吉凶、应祥瑞。这两个长方体砖以阳线装饰鱼纹，鱼纹为抽象的几何纹样，置于水波和水草之中。造型古朴、用笔稚拙。

龙纹画像砖
Picture brick of Long pattern

东汉 长24厘米，厚10.5厘米

左砖画面为龙纹、有边框。龙作蟠曲状，矫健有力、用笔粗犷、姿态生动。

车马出行双阙画像砖
Picture brick of pattern to going on a tour by carriage

东汉 长25厘米，厚7.5厘米

中砖被一条直线划分成了左右两个部分，左边两个双层阁楼式汉阙，相间站两官吏，官吏戴幞头，身穿宽袍大袖，拱手作揖，似正在送行。右边刻一辆轺车，有伞盖。一人站在车中，扬鞭打马。可以判断这块砖出自东汉早期墓。

车马出行双阙画像砖
Picture brick of pattern to going on a tour by carriage

东汉 长23厘米，厚8.5厘米

上砖为双阙车马图，用边框界定画面。左右两侧各有一座汉阙，中间为一辆轺车，阳线刻车毂和华盖。马为浮雕，膘肥体壮，四蹄飞扬，用笔简练，形象生动。

戏虎图画像砖
Picture brick of tiger pattern

东汉　长33厘米，厚10.5厘米

下砖阳线刻一人套虎图。人着束腰曲裾短
裙、挽袖、腿前蹬后蹲，身体尽量向后倾，
双手抓一绳，绳套住虎的脖子。虎瞋目张
牙，正在与人较劲，张力十足。线条简洁疏
朗、张扬洒脱、画面极富动感和气势。

闲谈画像砖
Picture brick of tow men visiting under tree

东汉　长26.5厘米，厚10.5厘米

上砖画面中央似有一树，左右对坐两人，正在交谈。其中左侧之人头戴高冠，身着宽袍长袖，踞坐，怀抱画轴状的东西，疑是古琴。这里刻画了志同道合的两个知音，在树下谈玄论道，惬意融洽。

双雀画像砖
Picture brick of two birds in gloriette

东汉　长34厘米，厚8.7厘米

下砖用阳线和浮雕表现，画面被分成左右两部分。左侧为几何装饰纹样、"亚"字形图案和并排斜线。右侧有四面坡房屋，其下站立二鸟，疑是朱雀。

陶器
Pottery

双凤纹画像砖
Picture brick of mythic bird pattern

东汉 上：长19.4厘米，厚10厘米
下：长22厘米，厚9厘米

均为楔形转，一边有凹槽，另一边有突起，榫卯结构，契合十分严密。楔形转一般砌在墓室的拱顶部分。凤凰图像是汉墓文化体系中的一个重要主题，是东汉时期人们羽化升仙思想的精神化身和物像载体，也是古人对美德追求的象征。

单凤纹画像砖
Picture brick of mythic bird pattern

东汉 上：长21厘米、厚9.8厘米
下：长21.5厘米、厚11.4厘米

四川凤凰图像砖分布较广，凤砖
做墓拱顶用，可以营造一个飞
升、祥瑞、神秘的彼岸世界。这
些凤鸟姿态各异，变化多端。或
单或双、或引项高歌、或翩然起
舞。图线条灵动、变化自由、随
意而严谨、庄重而洒脱。

砖棺
An eternity box brick

东汉　棺长215厘米、宽116厘米、高76厘米；
　　　盖长229厘米、宽121厘米、高11厘米

华通博物馆石棺厅展示的三座砖棺是由砖
砌的棺身、底座和石盖构成的。这种组合
式砖棺一般伴有大型车马明器出土，是汉
代涪江流域的丧葬风俗。中间的一座有四
菱纹底座，凸出脊形盖砖。另外两座砖棺
大小差不多，出自夫妻并墓。两棺用砖都
为108块，并且每块砖的尺寸均经过精确
的计算而打造出来，采用骑缝法砌成。夫
棺采用正脊分檐棺盖，妻棺则用圆拱形棺
盖。底座饰钱纹、回形纹，保存完整。

陶器
Pottery

瓷 器
Porcelain

瓷器 | Porcelain | 098~181

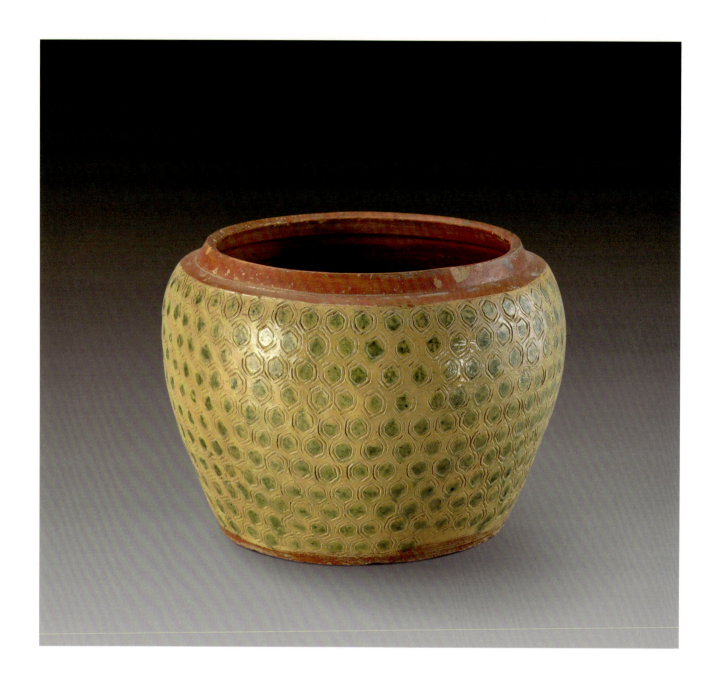

三彩几何纹罐
Three-colored covered jar with geometric design

宋代 通高20.8厘米，口径23.5厘米， 腹径29 厘米，底径21.4 厘米

敛口、矮斜领、丰肩、圆腹、下腹内收、平底。口肩及底部施红褐色釉彩、罐身施黄色釉，菱形纹内施绿釉。此罐造型敦厚，装饰简朴。

瓷器
Porcelain

白瓷渣斗
Spittoon

宋代 通高9.1厘米，口径16.1厘米，底径6.9厘米

盘口、束腰、扁圆腹、小平底。胎质洁白
细腻，胎体轻盈坚硬，釉色透明晶莹，通
体有开片。该器造型端庄、制作精巧。我
国宋代时，宴席桌上摆有盛装吃剩下的肉
骨头或鱼刺的用具，叫作"渣斗"。渣斗
的口大、沿宽，便于放骨刺，形状上与痰
盂稍有区别。

青瓷刻花鸡首壶
Celadon chicken-spout ewer with carved design

宋代　通高25.3厘米，口径7.1厘米，腹径17.1厘米

　　鸡首壶以壶嘴作成鸡首状而得名。始见于西晋，延续至唐代初期，各代器形略有变化。馆藏的这件鸡首壶直口，长颈，颈上饰6周弦纹。溜肩、深圆腹，腹部刻划牡丹花纹样，平底，矮圈足。壶肩部塑有两个造型生动的鸡首，肩和颈部以两个双耳形泥条连接，形成壶的执柄。通体施淡青釉。

白瓷堆塑团花扁壶
White flattened pot with embossed decoration

辽代　通高34.2厘米，底径8.2厘米，宽31.3厘米，厚22厘米

　　该器的器形摹仿契丹族使用的皮囊容器，体扁圆。敞口、圆唇、矮领、溜肩、垂腹、平底、圈足。两侧对称堆塑皮条状环耳，壶体正反两面均饰有堆塑团花图案。通体施乳白釉，口沿、环耳以及纹饰均露出褐色底胎。

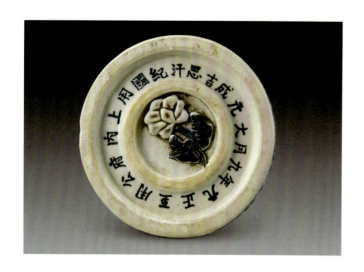

至正款青花釉里红小口罐
Blue-and-white prunus vase with embossed brown flowers decoration and Zhizheng inscription

至正款 通高35厘米，腹径21.1厘米，底径11.3厘米

圆腹、小口、短颈、丰肩、下腹内收。肩部绘釉四朵垂云，在两周弦纹之下，装饰青花莲纹。瓶身为开光，开光内堆塑青花褐彩花卉。底部在两周弦纹上装饰变形云纹及变形草叶纹，并有款识"至正元年九月大元成吉思汗纪国用上内府公用"。该罐的腹部串珠纹内，雕镂花朵、枝叶，填以红、蓝两色，具有浮雕的装饰效果。

瓷器
Porcelain

青花敞口八方瓶

Blue-and-white porcelain vase with octagonal and openning mouth

元(?) 通高30.9厘米、口径9厘米、腹径14厘米

喇叭口，颈部细长，颈下渐广，腹部呈椭圆状，近底内收，圈足略外撇。口沿饰卷草纹一周，颈部绘有四片蕉叶。腹部主要纹饰为波浪纹间折枝花纹，腹底部饰仰覆莲瓣纹，足部饰一周重叠莲纹。造型新颖，施釉较厚，釉色浓重沉着。

永乐款青花四季花卉葵口盘

Blue-and-white porcelain plate with foliaged rim and design of interlocking lotus ,Yongle inscription

永乐款 通高21.6厘米、口径33.5厘米、底径6厘米

葵花形盘口，浅圈足，足内无釉。口沿至盘心共有三层青花图案装饰，盘口沿饰缠枝菊纹一周，盘内壁有团花图案，盘心则为四季花卉纹样。盘外壁也饰有一周团花纹样。此器胎质细腻洁白，釉层晶莹肥厚，釉色浓艳青翠，图案灵动流畅。

瓷器
Porcelain

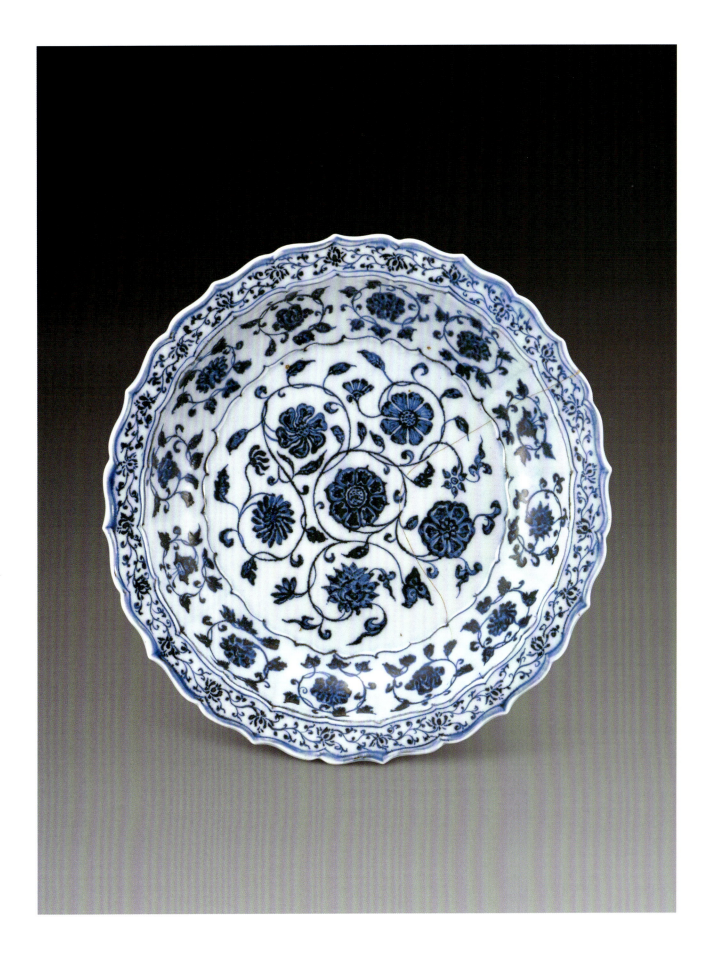

宣德款青花八宝碗
Blue-and-white porcelain bowl with design of the eight
auspicious symbols, Xuande inscription

宣德款　通高12.2厘米，口径24.9厘米，底径14.2厘米

撇口，深腹，腹部微折，平底，圈足。纹
饰自上而下分为三层，口沿外侧饰有变形
莲瓣纹，腹部主体在八朵缠枝莲花中，
分别饰有火珠、海螺、法轮等八宝图案。
碗底部有两行楷书款，为"大明宣德年
制"。此器色泽艳丽，应为"苏麻离青"
烧制。碗内壁和碗足底皆泛淡青色，质如
玉器。

瓷器
Porcelain

宣德款青花麒麟缠枝莲盖豆
Blue-and-white covered *Dou* with design of *Qilin* and interlocking lotus, Xuande inscription

宣德款 通高26.8厘米，口径7.8厘米，底径14.9厘米，腹径24.7厘米

器盖顶部有两个鸟嘴交接，巧妙地构成盖纽。器盖与豆身上下相扣，合成圆球状。器身圆口，折肩，高圈足。盖的顶端围绕盖纽饰有卷草纹，底端饰波浪纹，中部绘有麒麟绣球纹样。在腹部上端书有"大明宣德年制"楷书款。豆身腹部也为麒麟绣球纹样，腹与足的交界处为变形几何纹。足部的纹饰是波浪纹。盖豆这种形制在瓷器中并不多见，馆藏的这件青花盖豆造型精巧别致，堪称精品。

瓷器
Porcelain

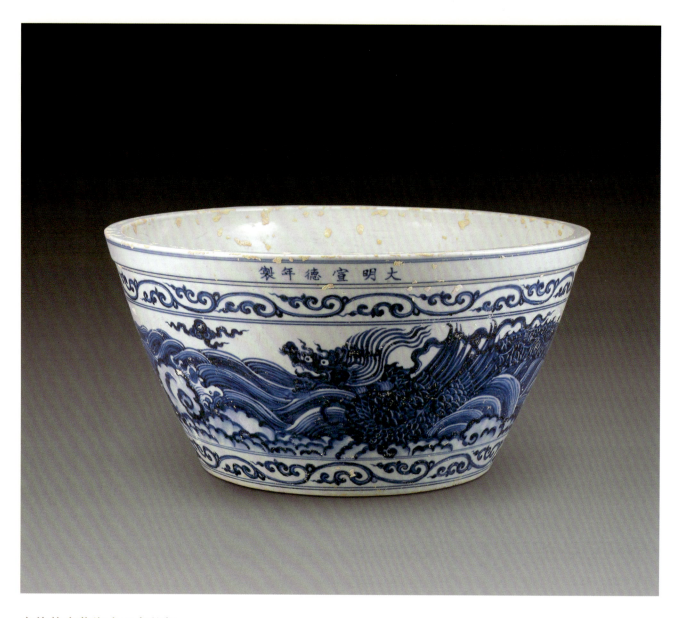

宣德款青花海水云龙纹缸
Blue-and-white urn with design of Long among clouds
above the sea, Xuande inscription

宣德款 通高20.3厘米、口径39.9厘米、底径25.2厘米

侈口，腹向下内收，平底。缸的装饰自上
而下分为三层，口与底部都饰以卷草纹，
腹部绘海水云龙纹。在缸的口沿处，书有
一行横写的"大明宣德年制"楷书款。颇
为奇特的是，腹部所绘之龙乃一飞龙，背
上长有一对劲拔的翅膀。这条巨龙腾跃遨
游在汹涌波涛之间，气势磅礴，有翻江倒
海的雄浑气势。

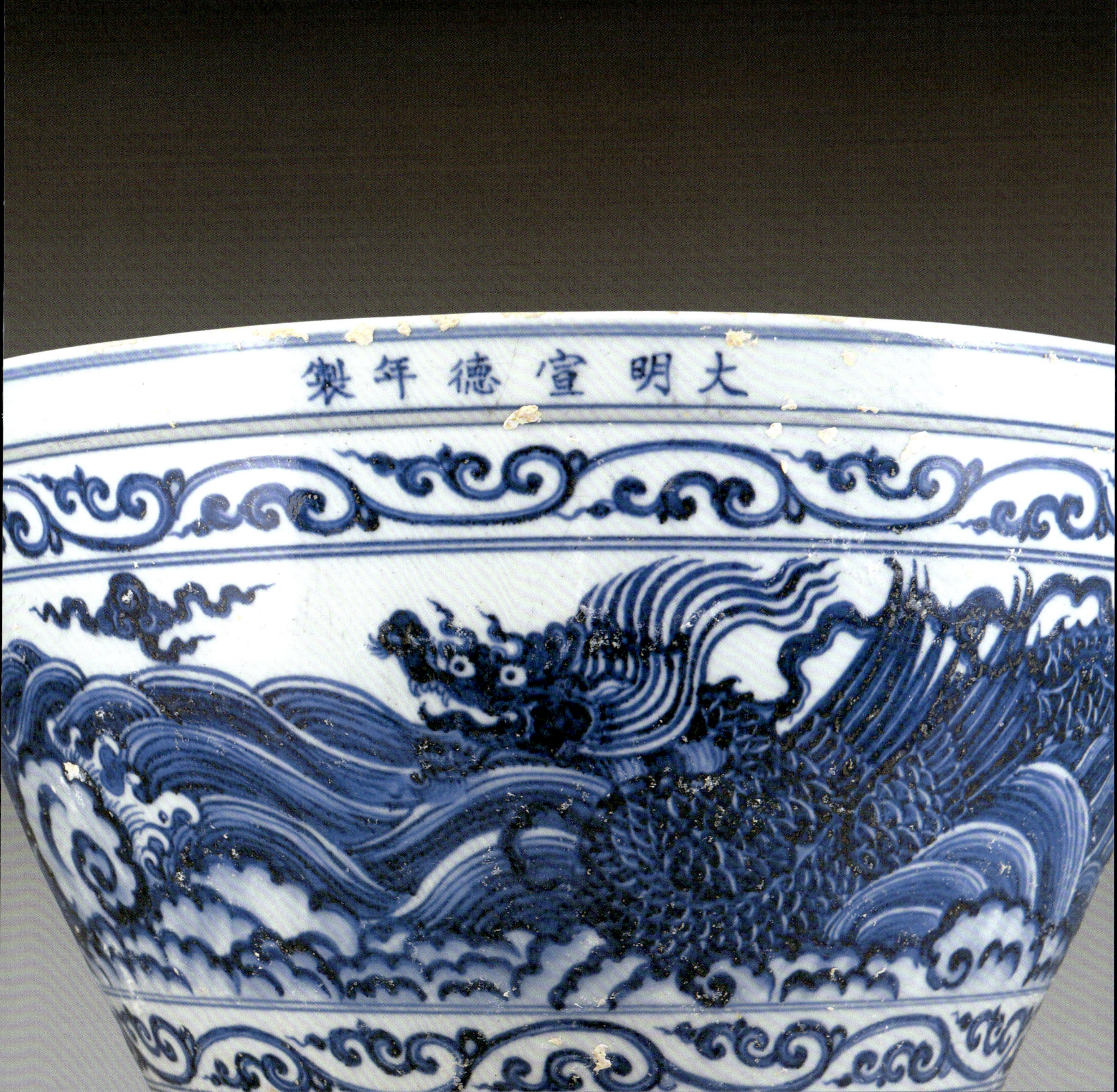
大明宣德年製

宣德款青花云龙缠枝莲盖罐
Blue-and-white covered jar with Long, clouds design and interlocking lotus, Xuande inscription

宣德款 通高21.7厘米，口径12.8厘米，底径13.4 厘米，腹径21.4厘米

圆盖直口，上有宝珠形纽。器身直口，折肩，腹部呈圆柱形，平底。盖顶面绕盖纽饰变形几何纹两周，盖侧面绘波浪纹，肩部绘缠枝莲一周。腹近底部绘仰莲纹，腹部绘两条巨龙，腾飞于云雾中，勇猛矫健。釉色浓重。器底有"大明宣德年制"款。此罐造型奇特，颇为罕见。

正德款红绘龙莲盘
Porcelain plate with Long and lotus design pictured by red colour, Zheng de inscription

正德款 通高4.3厘米，口径25.3厘米，底径17.6厘米

敞口、平底，盘内底饰有红绘龙纹莲花图。盘外壁红绘双龙纹莲花图，底部有双竖行朱色款"正德年制"。纹饰手法朴拙生动，极具装饰意匠。

正德款青花缠枝莲带盖梅瓶

Blue-and-white covered vase with design of interlocking lotus, Zhengde inscription

正德款 通高26.2厘米，口径4.1厘米，腹径15.2厘米，底径11.1厘米

小口、短颈、丰肩、长腹，腹向下渐内收，至底部外侈，呈凤尾形。瓶盖饰火焰纹，盖顶有兽形纽。肩部云纹内绘有缠枝牡丹，腹部饰缠枝莲纹，腹底部装饰竹石水波纹。纹饰皆为青花绘制，青花色泽清新明快，造型秀丽。梅瓶宋时称"经瓶"，作盛酒用器，造型挺秀、俏丽，器体高且偏瘦，明代梅瓶的造型与前期相比，显得敦厚而雄健。

瓷器
Porcelain

嘉靖款青花海水龙纹梅瓶
Blue-and-white prunus vase, Jiajing inscription

嘉靖款 通高33.1厘米，口径5.5厘米，底径12厘米，腹径18.8厘米

自口沿至底部饰有四组青花图案，颈部为变形蕉叶纹。肩部开光内饰有折枝花卉，各个开光图案之间以鱼鳞纹间隔开来。腹部饰两条首尾相接的蛟龙，腾飞于海水和云纹之间。底部的纹饰为神鹿，穿行于山水云纹之间。该瓶造型浑厚大气，青花色泽浓艳，幽菁可爱。

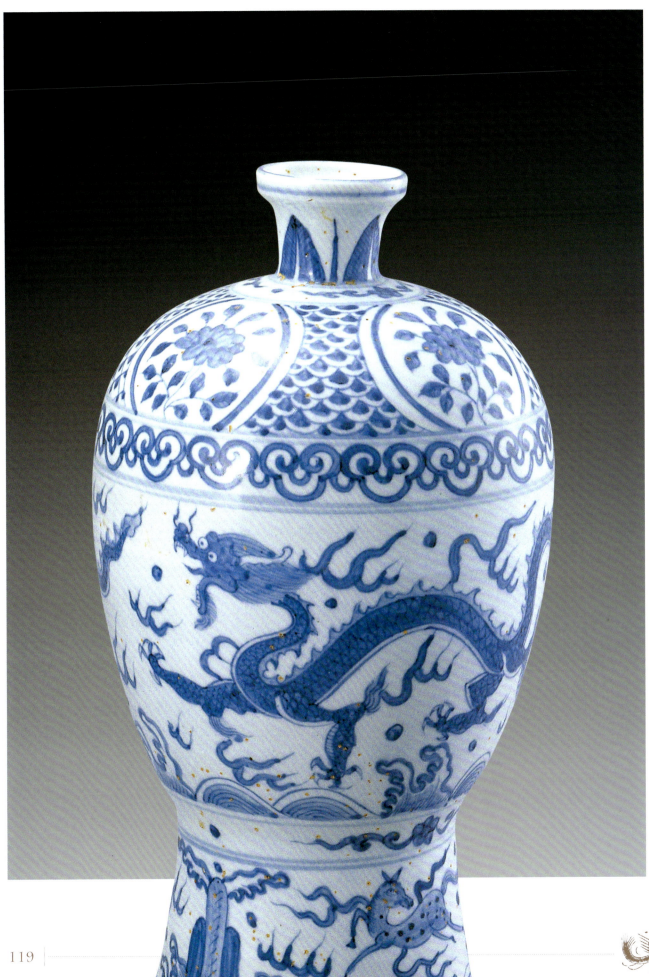

凤凰折枝花罐

Blue-and-white porcelain jar with design of phoenix and disconnected sprays

明代　通高31.8厘米，口径13.6厘米，底径15.8厘米，腹径33.9厘米

直口、短颈、丰肩、鼓腹、下部内收。器身装饰分为四层，颈部饰忍冬纹，肩部饰缠枝花一周，底部为变体仰莲纹。腹部绘有两组凤鸟，穿梭于牡丹纹样中。此罐造型浑圆饱满，纹饰采用的是工笔花鸟画的技法，凤凰的刻画尤为传神，生动逼真，釉色浓艳而不晕散，为这一时期的佳作。

嘉靖款青花缠枝莲罐

Blue-and-white porcelain jar with design of interlocking lotus, Jiajing inscription

嘉靖款　通高31厘米、口径17.4厘米、底径21.7厘米

直口、短颈、溜肩、深腹向下渐收、平底。颈部饰卷草纹一周，中间主体纹饰为缠枝莲纹样，底部环绕变形莲叶纹。该器工艺精良，纹饰用笔流畅，构图饱满，釉色青翠明丽，且有浓淡层次变化。

万历款五彩寿星瓷雕
Old Man Longevity, five-colored glazed sculptured porcelain, Wanli inscription

万历款　通高18.5厘米

此藏品由两部分组成，上部是寿星和他骑乘的梅花鹿，另外一部分是底座。寿星盘腿坐于跪伏的神鹿之上，贴身的长衫与神鹿的釉色皆为橙黄色，二者浑然一体。外罩的长袍为紫红色，上面满绘层叠的海水纹。内衫的襟口施绿釉，外袍的襟口施绿蓝彩，神鹿口衔瑞草灵芝，分别施以红彩和黄彩，鹿身上的梅花则以深蓝釉点缀。底座以白釉作底，上饰五彩云水纹等。瓷雕的背面有"大明万历年制"六字楷书款。寿星的发髻攒起，长髯飘飘，面带笑意，神态逼真，是这一时期瓷雕中的精品。

青花鱼纹罐
Blue-and-white Jar with fish pattern

明代 通高22.4厘米，口径12.8厘米，腹径23.5厘米

敞口，口沿外翻，窄肩，鼓腹，小平底。
肩部饰回纹，腹部饰六条变形鱼龙纹，底
部饰一圈变形莲瓣纹。造型优美，纹饰疏
朗得体，流畅写意，釉色沉着。

青花云鹤直口罐
Blue-and-white Straight mouth jar with crane among clouds design

明代 通高41.2厘米，腹径34.2厘米

直口、短领、溜肩、圆腹、圈足，通体有细小开片，罐身装饰有青花云鹤图案，间以云纹。造型浑圆饱满、釉色深翠凝重，纹样朴拙生动。古人以鹤为仙禽，喻意长寿。《淮南子·说林训》记载："鹤寿千岁，以报其游。"鹤纹正含延年益寿之意。瓷器装饰中的鹤纹初见于唐朝，越窑青瓷上有仙鹤在云间飞翔的图案，可称之为云鹤纹。

五彩鼓形凳
Five colours drum-shaped stool with Long pattern

明代 通高26.6厘米，腹径21.6厘米，底径17.2厘米

整体呈鼓形，鼓凳两端平面中央各有一个
镂空铜钱，以此为中心，绘有五彩双龙戏
珠纹。鼓身上下两侧均绘红绿彩变形焦
叶纹，中间是主体装饰，为五彩龙凤戏珠
纹。该器纹饰色彩浓艳，对比强烈。鼓凳
风行于明清两代，万历时名式尤多。

康熙款青花鱼化龙纹洗
Blue-and-white washer with design of fishes and Long,
Kangxi inscription

康熙款 通高7.3厘米、口径38.2厘米、底径29.4厘米

敛口、宽边，唇微凸起，弧形浅壁，平地
无足。器心满绘波涛纹，龙与鲤鱼腾出水
面。器外壁无纹饰，器底中部书有青花
"大清康熙年制"两行楷书款，外加双圆
圈。青花色鲜，白釉泛青。

瓷器
Porcelain

康熙款素三彩花鸟天球瓶

Vault-of-Heaven vase with decoration of on-biscuit enamels and design of flowers and birds on black ground, Kang xi inscription

康熙款　通高28.2厘米，腹径18.1厘米，领高12.6厘米

长颈、直口、丰肩、圆腹、圈足。通身以黑彩为地，用黄、绿彩绘出鸟雀、花卉、用紫彩绘画梅干和假山石。在黑彩的陪衬下，其他颜色的性能得到最大的发挥。底部有蓝釉"康熙年制"楷书款。

康熙款黄地风景八仙方瓶

Five-colored square vase with the *Eight Immorals* and
scenery design on the yellow ground

康熙款 通高50.6厘米，口径13.1厘米

敞口，直领，折肩，瓶身上宽下窄呈方
形，方形底。颈部在黄地上以五彩绘山
水，肩部在黄地上以五彩绘花卉。瓶身在
黄地上以五彩绘八仙，均骑瑞兽，两两成
对，共四组。此瓶器身呈规整的方形，制
作工整，是康熙时期的特殊品种。

瓷器
Porcelain

康熙款景泰蓝珍珠花卉葫芦瓶
Jingtai blue double-gourd vase with Kangxi inscription
and floral design

康熙款 通高22.5厘米

自唐代以来，"葫芦"因其与"福禄"谐
音，广受民间喜爱，遂成为传统的瓷器形
制。器身呈葫芦状，小直口，短领，上腹
较小，呈椭圆形，下腹较大，呈球形，平
底，圈足。壶内壁饰绿釉，口沿一周仿
金。通体施景泰蓝釉彩，上饰金彩缠枝花
卉，并以白色点彩于其间。在蓝彩和金彩
的映衬下，那繁密的白釉点彩就如同晶莹
的珍珠镶满壶身，瓶中间的束腰处和圈足
各饰有一周回形纹。此器工艺精湛，底部
印有蓝色款"康熙御制"。

雍正款青花釉里红仙桃盘

Blue-and-white porcelain plate with design of Xiantao in underglaze red,Yongzheng inscription

雍正款 通高3.4厘米、盘径18.7厘米、底径12.4厘米

敞口，浅腹，圈足。盘心内以仙桃为主体纹样，辅以灵芝、兰草以及假山石。仙桃用铜红釉点出，在周边蓝色釉彩的烘托下，格外突出与醒目。盘外壁装饰有一圈姿态生动的飞翔的鹤纹，其中鹤顶也用红彩点出。仙桃与仙鹤皆寄寓长寿吉祥之意。盘底有两竖行楷书款，为"大清雍正年制"。

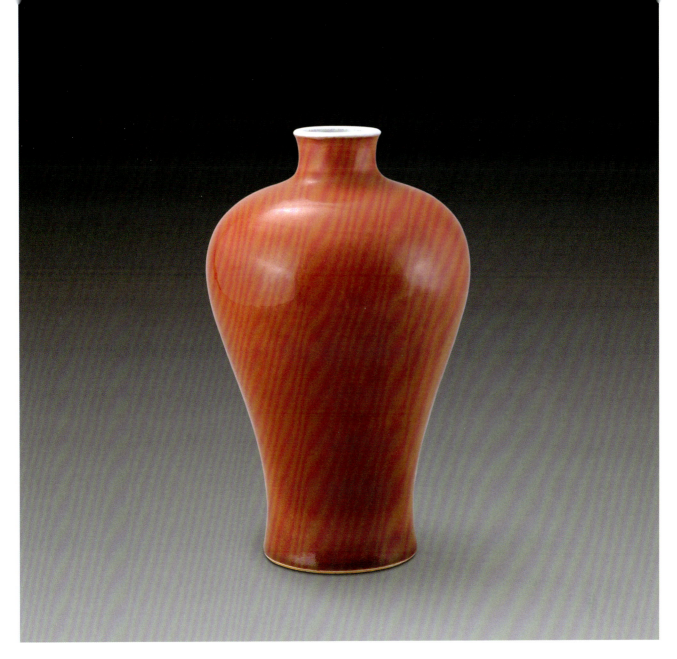

雍正款红釉梅瓶
Red glazed prunus vase, Yongzheng inscription

雍正款 通高22.1厘米、口径3.5厘米、底径8.2厘米

直口、短颈、丰肩、弧腹下收、平底。祭红属于红釉的一种，颜色比郎窑红为暗，釉面多布有大小不等的气孔，属于传统品种之一。梅瓶创烧于宋代，随着历代不断演变，其形制不一。清代梅瓶的肩部较历代宽大，此梅瓶釉色纯正，造型具有典型的时代风格。器底有青花双圈"大清雍正年制"楷书款。

雍正款青花龙凤缠枝莲琵琶
Blue-and-white lute with Long, phoenix design and interlocking lotus, Yongzheng inscription

雍正款 通高32厘米、琴身直径10.8厘米、厚4.8厘米

琵琶头呈莲花状，领部呈弧形，上面印有
"大清雍正年制"。腹部呈葫芦形，上饰
青花龙凤戏球图。琴领两侧各有两个琴
纽，琴领中部镂空，有四根金属弦柱，连
接四根金属琴弦到琴腹底部。琵琶侧面及
背面绘有青花缠枝莲图案，造型别致，精
巧可爱。

乾隆款铜胎粉彩蟠螭耳瓶
Pink family copper corn vase with Long-mask handles,
Qianlong inscription

乾隆款　通高46.5厘米，腹径29.7厘米，颈19.5厘米，底径7.7厘米

敞口，直领，溜肩，扁鼓腹，平底，高圈足。颈部对称有一对螭耳，口外沿铜制模印变形几何纹，领底部铜胎模印浮雕螭龙纹，腹中间铜胎模印阴阳太极图，足部铜胎模印花绘浮雕。颈部、肩部、腹下部为绿底粉彩花绘，器底有款。纹饰丰富多样，釉彩明艳富丽，制作精美。

乾隆款粉彩八宝贲巴瓶底款

乾隆款翡翠绿釉竹节天球瓶底款

乾隆款翡翠绿釉竹节天球瓶
Blue-green vault-of-Heaven vase with bamboo-joint-shaped neck，Qianlong inscription

乾隆款　通高67.6厘米、腹径21.6厘米、领高17.1厘米

盘形口内收，长颈，颈部呈竹节状，丰肩，圆腹，圈足外撇。通身施翡翠绿釉，为与孔雀羽毛相似的翠绿色调，碧翠雅丽，十分美观。底部有题款"大清乾隆年制"。

乾隆款粉彩八宝贲巴瓶
Fencai Benba vase with design of the eight Buddhist sacred emblems，Qianlong inscription

乾隆款　通高25.9厘米、口径9厘米、腹径15.6厘米

磨盘口，长颈，球形腹，高圈足外撇。黄绿地粉彩，盘口的顶部和侧面饰有对称的折枝花，颈部饰橙、黄、蓝、紫色菊瓣纹。腹部主体纹饰为缠枝花卉，间以八宝图案，腹底部饰有仰莲纹，圈足饰一周错落重叠莲纹。在盘口、颈部、腹部和足部的交接处，都以金彩作分隔。通体纹饰繁密，色彩斑斓，富丽堂皇，具足皇家气派。底部有题款"大清乾隆年制"。

乾隆款青花红彩双狮戏球碗
Blue-and-white bowl with design of two lions sporting with a ball, Qianlong inscription

乾隆款 通高8.1厘米，口径20.4厘米，底径8.4厘米

敞口，碗腹略鼓，平底，矮圈足。碗底饰有青花红彩球形图，碗外壁饰青花红彩双狮戏珠图，造型生动。底部有题款。

王家五侯
漢朝王譚王商
王立王根王逢
五人同日封故
曰五侯列向上
封事言王氏家
朱輪轂者三
十三人五侯
福歷上古至泰
漢外戚之寵未
有如王氏者也

嘉庆款王家五侯粉彩盘
Pink family plate with Jiaqing inscription

嘉庆款 通高2.1厘米、口径19厘米、壁厚0.05厘米、
底径11.1厘米

广口、斜肩、圈足。盘沿一周仿金、盘内
壁及盘底绘有白底五彩王家五侯人物图。
盘底有黑彩楷书释文、底部印有朱砂"嘉
庆款识"。盘中所绘人物神彩奕奕、笑容
可掬、布局疏朗得体、釉彩典雅秀丽。

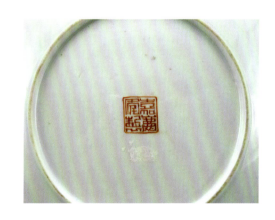

道光款红绘青花八仙碗
Blue-and-white bowl with the *Eight Immorals* design,
Daoguang inscription

道光款 通高7.7厘米、口径22.4厘米、底径9.3厘米

敞口，深腹，圈足。碗内壁口沿饰两周蓝釉
弦纹，碗心为红绘波浪青花福禄寿云彩纹。
碗外壁饰有红绘波浪青花八仙图，八仙的神
态刻画微妙传神。圈足外侧饰有回形纹，底
部印有蓝釉篆书款"道光御制"。

瓷器
Porcelain

道光款花鸟诗书五彩方瓶
Five-colored square vase with flowers and birds design,
Daoguang inscription

道光款 高16.6厘米

颈部、肩部以及底部满饰红黑彩几何纹与
缠枝花卉纹样。在方形的瓶腹四面，相对
较宽的两面分别绘五彩梅菊花鸟图，以及
牡丹竹石绥带图；而较窄的另两面，则装
饰有内容不同的行书诗词。此方瓶小巧精
致，小小瓶身上诗书画印俱全，工艺精巧
之极，令人叹服。

瓷器
Porcelain

光绪款五彩百蝶天球瓶底款

光绪款五彩百蝶天球瓶
Five-colored covered vault-of-Heaven vase with butterflies, Guangxu inscription

光绪款　通高39厘米，腹径23.2厘米，领高18.7厘米

敞口，长颈，丰肩，圆腹，圈足。瓶颈及腹白地，上饰蝴蝶图案。瓶体装饰采用的是散点式构图法，色彩缤纷、品种各异的蝴蝶错落有致地遍布白色的瓶体上。蝴蝶栩栩如生，给人以呼之欲出的幻觉。瓶肩部两周弦纹内，饰粉彩缠枝花卉，间以"寿"字纹样。腹底部莲瓣纹内饰有石榴纹，底部朱砂写"大清光绪年制"。

光绪仿宣德款青花八仙云纹盘
Blue-and-white plate with Xuande inscription and design of the *Eight Immortals* among clouds

光绪仿宣德款　通高2.5厘米，口径23.4厘米，壁厚0.2厘米，底径13.6厘米

广口，浅腹，圈足。盘内壁有青花八仙云纹图案，盘外壁饰青花仙鹤云纹图案。盘底有款识"大明宣德年制"。

瓷器
Porcelain

"毗陵恽氏"青花红绘龙纹盘
Blue-and-white plate with red Long pattern and "Pi Ling Yun Shi"

清代 通高4.2厘米，口径18.9 厘米，壁厚0.2厘米，底径11.8厘米

敞口，浅腹，圈足。盘内壁口沿饰一周青花几何纹图案，盘内侧为红绘二龙戏珠，气势雄健。盘中心绘蝙蝠纹，环绕中心"寿"字纹。盘外壁红绘蝙蝠纹，底部有红釉款识"毗陵恽氏自制"。

粉彩折枝仙桃青瓷盘
Pink family celadon plate with plucked branches peach

清代 通高37厘米，口径32.5厘米、底径15厘米

敞口，浅腹，圈足。盘内壁有粉彩折枝仙桃及蝙蝠图案。桃花和仙桃的紫红彩与桃叶的绿彩对比鲜明，醒目桃枝穿插自然。盘身瓷质泛青色，有软玉的温润感。仙桃与蝙蝠放在一起，取"福寿"之意。

瓷器
Porcelain

"年年有余" 罐
Jar with auspicious saying of "Nian Nian You Yu"

明代 通高23.5厘米，口径9厘米，底径12厘米

大口，短颈，丰肩，深腹，下腹渐收，平底。在白色底釉上，饰以五彩荷花鱼藻纹。其中嬉戏于荷叶和水藻间的双鱼分别用蓝彩和红彩描绘，而荷叶为了显示出变化，也分别以粉绿彩和翠绿彩来表现，水藻则以淡紫穿插其间，罐口和罐底分别以黄彩和蓝彩破之，首尾呼应。纹样装饰手法写意生动，情趣盎然，具有很浓的文人画意境。"鱼"象征富足、富余，与"余"谐音，而鱼纹和莲叶纹合用，取的是"年年有余"吉祥之意。元、明、清时期，这一纹饰极为流行。

五彩婴戏盘
Five-colored plate with design of playing boys

清代 通高3.1厘米，口径14厘米，壁厚0.05厘米，底径8.4厘米

敞口，腹部内收，平底，圈足。盘内壁饰有两周黑色弦纹，中间间以红釉蔓草，下饰一周兰花。盘底绘有五彩婴戏图，位于中间的童子正在手举官帽把玩。此婴戏图因此有状元及第的吉祥之意。

五彩婴戏碗

Five-colored bowl with design of playing boys

清代 通高5厘米，口径9厘米，壁厚0.05厘米，底径
4.7厘米

敞口，深腹，平底，圈足。碗内壁口沿处
饰两周黑色弦纹，间以一周红釉蔓草。碗
外壁绘有五彩婴戏图，其内容与五彩婴戏
盘大致相同，图案设计疏朗、秀丽。

五彩婴戏杯
Five-colored cup with design of playing boys

清代 通高6.5厘米、口径5.8厘米、壁厚0.1厘米、底径2.9厘米

直口，筒腹，下腹内收，平底，圈足，腹部有一弯曲的柄。杯内壁口沿处饰两周黑色弦纹，间以一周红釉蔓草。杯外壁绘有五彩婴戏图，其内容与以上的五彩婴戏盘、碗大致相同。上述是一组三套件，此杯的色彩与前面的盘、碗相比较，趋于清逸、淡雅。

霁红敞口樽
"Sky-clearing red" vase with dish-shaped mouth

清代 通高32.3厘米、口径14.1厘米、腹径16.7厘米、底径12.6厘米

长颈，敞口外撇，溜肩，平底。胎质纯净细腻，通身霁红釉彩，釉色浓艳。

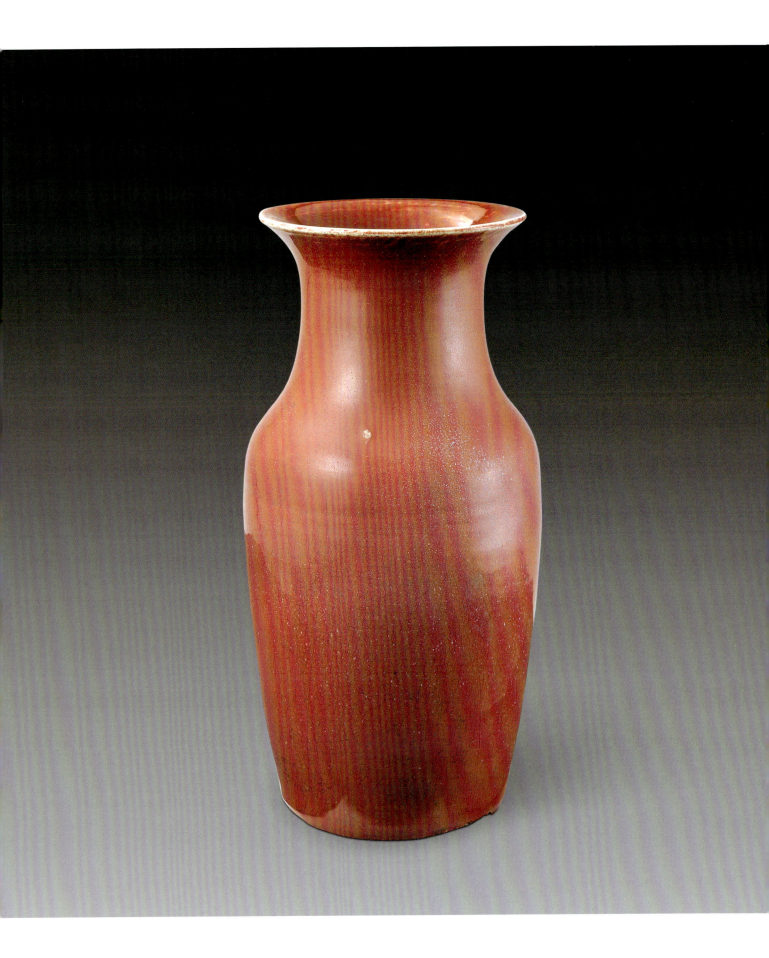

青花风景梅瓶
Blue-and-white prunus vase with scenery

清代 通高26.5厘米，口径4.3厘米，腹径13.5厘米

小敞口、短领、丰肩，腹部渐收，小圈足。
肩部饰两周旋纹，中间饰浅浮雕开片纹，腹
部饰山水图案。近底部饰两周弦纹，中间饰
浅浮雕斜纹。造型秀丽，胎体轻巧，釉面光
洁平滑，青花色泽清新明快。

宝石蓝釉天球瓶
Lavender blue vault-of-Heaven vase with flat bottom

清代 通高27.8厘米，腹径19.1厘米，领高14.2厘米

口微侈，直颈，球腹，平底。胎质细腻，通体施宝石蓝釉，釉面莹洁。天球瓶是受西亚文化影响而产生的器形，始见于明永乐年间。宣德时期，器形较前朝略显粗放，明后期烧造渐少。清代康熙统治期间，盛行仿古之风，但多仿明前期的器形。雍正和乾隆时期，此形制较为流行。

五彩将军罐
Five-colored covered jar with design of two Longs

清代 通高44.2厘米，口径17.7厘米，底径16.6厘米，腹径24.8厘米

直口，短颈，丰肩，鼓腹下收，平底或浅圈足。因宝珠顶纽盖形似将军头盔，故名。器身饰五彩双龙戏珠纹，形象生动威武，纹饰丰富，色彩鲜艳。清初景德镇窑流行此罐，多为青花、五彩器。清末民初仿品甚多。

青花画卷人物花卉盘
Blue-and-white Plate with design of figures and flowers

清代 通高2.7厘米，口径15.5厘米，壁厚0.1厘米，底径9.3厘米

敞口，斜腹，圈足。盘内壁口沿饰一周几何纹，盘底在青花花卉中展开一幅画卷，画卷中有一位高士，正于湖光山水间垂钓。画中有画，别具匠心。

青花釉里红蟠魑耳蝴蝶樽
Blue-and-white jar with double of Long-mask handles and brown flowers revolved around butterflies

清代 通高33.4厘米，口径13.4厘米，腹径24.1厘米，底径14.8厘米

直口，直领，溜肩，圆腹，圈足外撇，颈肩部有螭形双耳。颈部绘有青花弦纹，上饰草叶纹。腹身饰青花褐彩花卉蝴蝶纹，底部在两周弦纹中间饰变形莲枝纹。器形饱满稳重，釉色沉着。

 瓷器
Porcelain

哥釉蒜头瓶
Blue-and-white galic-head vase with decoration of Ge Yao glaze

明代 通高29.3厘米，领高13.3厘米，下腹径14.7厘米

蒜头状口、束颈、溜肩、垂腹、圈足。通体饰哥釉细小开片，腹身绘有青花松树图案，在瓶体的淡褐色釉的衬托下，显得分外鲜明和突出。蒜头瓶乃是仿制汉代青铜器造型的一种瓷器，元代开始烧造，明代较为普及。汝、官、哥窑都以开片作为装饰。仿哥窑器通体由大且深、小而浅的两种纹片交织组成，俗称"金丝铁线"。

童叟松蝠寿花樽
Porcelain vase with the three immortals design-luckly, official rank and salary, longevity

清代 通高43.8厘米，口径12.7厘米，腹径19.8厘米

敞口、长颈、溜肩、腹向下渐收、平底。器身主体装饰为福禄寿三星，辅以松梅竹、抱鹅童子和蝙蝠纹。该器构图巧妙，颇具匠心，纹饰布局错落有致。"三星"的神情笑貌表现得淋漓尽致，纹饰笔触清秀，劲健流畅，青釉色调浓淡相宜。

郎窑红苹果形盖罐
"Lang Yao red" and apple-shape covered jar

清 通高22.2厘米，口径8.8厘米，腹径20.4厘米，底径
15.1厘米

宽肩，鼓腹，平底，形似苹果。通身施郎
窑红色釉，灿若烟霞。器身有兔毫般细小
开片，工艺精湛。郎窑为清代康熙后期
景德镇官窑，康熙四十四年至五十一年
（1705～1712年），江西巡抚郎廷极在景
德镇督造瓷器，故名。釉色以宝石红、宝
石蓝、宝石绿最佳，其中宝石红有"郎窑
红"之称，法国人称其为"牛血红"，在
红釉中最为杰出。

青花瓷枕
Blue-and-white porcelain pillow with floral decoration

清代 长37.5厘米、宽12.9厘米、高4.1厘米

通体呈马鞍状，中间下凹，枕正中有一个
镂空的铜钱纹。左右两端翘起，作水滴状
镂空。通体以明快的青花花卉作为纹饰，
具有浓厚的水墨画韵味。

青花龙纹盘
Blue-and-white plate with Long pattern

清代 高4.7厘米，口径20.3厘米，底径10.3厘米

敞口，平底。盘内壁饰有青花龙纹，造型
写意。外壁饰云纹。

瓷器
Porcelain

青花求学图罐
Blue-and-white Jar with someone pursuing one's
studies

清代 口径17.8厘米，高17厘米，腹径20.3厘米

直口、溜肩、圆腹、圈足。口沿饰云纹，
腹部饰青花求学图，间以花纹，肩部有四
个小孔。此罐构图颇具匠心、人物神态生
动传神。

五彩人物四喜花樽
Five-colored vase with with design of figures

清代 通高45.2厘米，口径13.4厘米，底径12厘米，腹径16.6厘米

该器纹饰繁密，在颈部和腹部的方形开光内，描绘小康之家和乐融融的生活场景。采用工笔画技法，线条纤细工整，开光外饰满杂宝纹以及其他缠枝花卉纹，几乎达到了密不透风的地步。釉色层次清晰，富丽雅致。

粉彩人物盘
Pink family plate with figures design

清代 通高2.9厘米，口径24.6厘米，壁厚0.1厘米，底径15.1厘米

广口，浅腹，圈足。盘内壁开光部分有粉彩花鸟。盘底饰有粉彩人物求学图，一童子在向先生问学，亭子间陪衬有四名女子。场面描绘颇具情节性，把这传统题材表现得饶有情趣。

粉蓝釉开光缠枝莲胆瓶

Light blue gall-bladder vase with reserved panels and design of interlocking lotus

清代 通高51.7厘米，腹径27.2厘米，领高20.4厘米

> 器形如悬胆而得名。直口、细长颈、削肩，肩以下渐硕，腹下半部丰满，圈足。宋代的钧窑、哥窑、耀州窑都有烧制，此藏品为清朝时期的仿品。通体施粉蓝釉，釉色纯净，清新雅致，在瓶腹两侧的卵形开光内，装饰白釉缠枝莲纹，另外两侧则辅以蝙蝠如意纹。

青瓷双耳葫芦瓶

Celadon double-gourd vase with double handles

宋(?) 口径4.6厘米，腹径14.9厘米，底径6.1厘米

> 器身呈葫芦状，胎体细密，小口。上腹较小，呈扁圆形；下腹硕大，呈椭圆形。当中束腰，腰附双耳。平底，矮圈足稍外撇。通体施粉青釉，釉色匀净雅致，下腹部上方有一处脱釉，似一团彩云，有窑变的效果。

青瓷缠枝牡丹香炉
Celadon censer with interlocking peony design

明代 通高36.5厘米、口径49.6厘米、腹径51.4厘米、
足高12.4厘米、耳高7.4厘米

鼎式炉，方唇，平沿，口沿对称有两个方
形立耳，溜肩，圆腹，平底，兽形三足。
领部、底部为叶形纹，肩部饰回形纹。腹
部模印缠枝牡丹，呈浅浮雕状，通体有开
片。胎体坚实细密，釉色淡雅匀净，器形
奇伟，工艺精致。

瓷器
Porcelain

掐丝铜胎四喜尊
Filigree Jingtai blue jar with copper corn

清代 通高47.4厘米，口径22.6厘米，腹径40厘米，底径26.3厘米

直口，圆唇，短领，溜肩，垂腹，平底，圈足。口沿外为红底黑绘变形云纹，通体在蓝釉底上饰有仙鹤、鹿、松树、灵芝、瑞草、山川、河流、云彩纹，足部饰一圈红绿彩花卉纹。纹样丰富多样，风格朴拙率真。

瓷器
Porcelain

铜 器
Bronze Ware

铜器
Bronze Ware

182~199

三牺盖鼎

Bronze *Ding* with beast legs and cover decorated with three animals

战国 通高18.5厘米

盖与鼎扣合后呈扁圆球形。半球形盖、盖面饰两周绚纹,外圈等距铸三个卧兽,倒置后同样可作浅盘使用。鼎身鼓腹、圈底,连体三蹄足,腹部带两辅首衔环。

螭耳凤首盉

Bronze *He* decorated with phoenix shape head and Long shape ear

战国 通高18.5厘米

盉盖上饰变形鸟纹,中央有一兽首纽。盉身呈扁圆球形,上饰三周云雷纹,等距离饰三周绚纹。盉腹一侧铸一兽首曲柄流,另一侧有一螭形耳。三个矮蹄足。

蟠虺纹盖豆

Bronze *Dou* with double ears and cover

战国　通高17.8厘米

　　盖呈半球形、带喇叭形捉手、盖与豆盘扣合
后呈扁球形。豆盘深腹，细高柄、圈足外
撇。腹饰云雷纹，腹两侧各有一环状耳。青
铜豆盛行于两周时期，它既可以用来盛放煮
好的肉类，也可盛放调好的汤汁如羹类。在
祭祀场合，豆是礼器之一。

兽纹带鞘剑

Brone sword and sheath

战国　剑身长30厘米

　　剑身为曲刃、中脊起棱。柄为四棱状、剑
柄饰变形兽纹。剑鞘中空，正面饰勾连雷
纹和变形云纹。棱边带有四个环状附件，
以便佩带。此类短剑是东胡族具有代表性
的兵器。

摇钱树及釉陶树座
Cash tree

战国　通高188厘米

摇钱树由基座、树干、树冠等部分组成。
基座为红陶质，通体施绿釉，可分两层，
由一环线分割。最底层装饰喂马图，纹
饰有些模糊不清。上层主体雕塑为飞羊乘
人，人正好抱着一个圆柱形物，以供插树
干。树用青铜浇铸，树干分节，节上有跪
佛图，每节有三片叶片，向外伸出，叶上
装饰镂空的人物、凤鸟等图案，其间穿插
着大量的圆形方孔钱。

摇钱树在我国青铜史上并不多见，在众多
的摇钱树中，除少数为蜀汉、晋墓中出土
外，其余多为东汉时期墓葬所出。根据现
有的考古资料看，"摇钱树"的概念最晚
起源于西汉，魏晋以后逐渐消失。但是汉
代以后，"摇钱树"成为人们的口头禅，
深入到中国人的思想和生活之中。

铜器
Bronze Ware

铜鼓
Bronze timbal

汉代　通高58厘米

鼓呈覆钟形、束腰，腰上有四个对系。鼓
面正中为太阳芒形，另有几何纹样，最外
侧铸有六个两两相对的蹲蛙。鼓身则被划
分成均匀的方格，分别装饰着梅花鹿和对
舞的羽人。鼓在古代多用于作战中指挥军
队进攻，也被用于宴会、祭祀的乐器。在
西南少数民族地区，更将其作为权力和财
富的象征。在秦汉时期的西南地区，铜鼓
极为流行。

铜器
Bronze Ware

辟邪
Bronze Pixie

汉代 通长49.2厘米，通高32.2厘米

辟邪鹿角牛耳，狮身豹尾，云翼虎爪，张
嘴，鼓眼，竖耳，一侧脚前，一侧脚后，后
腿蹲踞，仰首咆哮，作冲天怒吼状。胸前、
脚后饰有卷云状毛发。兽身饰有向后飘扬的
羽翼，也可能是流云，似乎可以听见呼呼的
风声，为辟邪增添了不少威武之气。

铜器
Bronze Ware

佛头
Bronze head portrait of Buddha

唐(?) 通高57厘米

佛头高肉髻，螺发，脸庞丰满。柳叶状
眉，眉间有白毫。眼睑微垂，眼微张，嘴
角微翘，嘴唇饱满。双耳长阔，耳垂肥
厚。该头像比例得当，表情祥和，有大唐
遗风。

鎏金立佛
Gilt-gold bronze statue of Buddha

宋代 通高38.6厘米

立佛，青铜鎏金。肉髻螺发，眼睑下垂，
眼微闭，嘴角微上翘，耳垂丰满。面庞圆
润浑厚，表情庄重而不失柔和。双脚平实
直立，双手自然舒张。身着通肩袈裟，胸
部袒露，衣着轻薄贴身，衣褶转折自若，
线条流动柔和。

铜器
Bronze Ware

鎏金舒适坐像
Gilt-gold bronze statue of Buddha

清代　通高57厘米

青铜鎏金。头戴发髻冠，中嵌宝珠，饰有繁复的蔓草纹。上躯袒露，身披天衣，璎珞臂钏，薄衣贴体，身姿婀娜。衣饰塑造轻盈流动，富有韵律感。菩萨舒适坐于莲台，右手施与愿印。台座为束腰式仰覆莲座，座基呈喇叭造型。该造像结构轻盈，简洁流畅。

玉　器
Jade Ware

玉器 | Jade Ware | 200~213

带板

Jade belt

唐代

由两件带扣、10件方形玉片组成，每件玉片长5.9厘米、宽4.1厘米左右。四角均有一个细小的穿，可以用线穿缀在腰带上。玉料呈青黄色，局部有褐色斑。玉片浮雕装饰展翅神鸟，尖喙，两翅平展飞扬，尾部变形成云状如意形。带扣微呈圆弧形，龙首形勾，上有浮雕，为变形神兽纹，笔法灵动，造型诡异。

三龙献珠印
Jade seal decorated with three Longs and bead

明末清初　高5.9厘米，底6.2×6.5厘米

玉质官印，印面为"离八寺长官司印"。
印的侧面有"大顺二年正月"等款识。印
纽雕刻三龙衔珠，印身每面均刻一龙形
纹，十分精美。大顺二年是公元1645年，
即清朝顺治二年。

玉器
Jade Ware

莲瓣纹球形器
Ball-shape jade article decorated with lotus

唐(?) 高6.8厘米、腹径8.8厘米

白玉质地，有赭黄色沁。体呈圆球状，上
面有圆形开口。器身浅浮雕三层仰莲瓣
纹，线条均匀圆润，打磨光滑细腻，于简
单流畅的造型中又显露出深刻的韵味。

玉器
Jade Ware

飞天四君子菱形角杯

Jade cup decorated with flowers and fairy

清代 长20.2厘米、宽11.3厘米

白玉质地、色较暗，局部呈褐色。杯身为双菱形相叠、平口、斜直腹、壁较厚，足下有一个双菱形榫式座。杯外壁浮雕梅兰竹菊四君子图，在杯身中部菱形交接处，刻有两个高浮雕的飞天。此杯嵌粘密实、纹饰精美、富有层次感，显示出精湛的雕刻技术和独具匠心的造型设计。

罗汉戏龙扇
Jade fan decorated with arhat playing with Long

清代　长36.6厘米，宽16.2厘米

玉扇为青玉质，半透明，大部分有土沁斑，在雕琢界限处有黄褐色线。扇面呈冬瓜形。如意形柄，穗子状扇尾。扇面镂空雕"十"字形地，上浮雕一罗汉。罗汉脚踏翻腾的海水，右手举钵，左手五指舒张置于胸前，瞠目瘪嘴，表情激愤。罗汉头顶有一飞龙，张牙舞爪，似乎与罗汉搏斗正酣。此扇雕刻精湛，打磨润泽，传神地表达了罗汉与龙战斗的激烈。

松鹤童叟玉雕
Jade carving with old man and child by pine and crane

清代　长28.5厘米

玉质青白色，受土侵而略偏黄，含有褐色沁斑。随玉料的外形而雕刻山林云海景色，其左侧松树成荫，枝叶茂盛。正面山林中，一个戏耍童子伸手踢腿，活泼可爱。左侧有一老人，倚坐于云间，长髯，右手捋胡，左手执拐杖，杖上悬一葫芦，悠然自得。右上部有一只展翅白鹤，翩然自在。

该作品造型繁简相宜，加工时采用了镂雕技法，树木枝叶处精雕细琢。其造型因势就形，边角处打磨圆润，物象生动逼真，且富于自然生趣。

带盖缠枝花卉双耳杯

Jade cup with cover and decorated with double ears and flowers figure

民国　通高8.3厘米，口径11.3厘米

青玉质地，半透明，带黄褐土沁，扣之铿锵有声。杯分上下两部分，覆碗形杯盖，上有一纽，呈花环状。杯身平沿，浅弧腹，圈足。杯沿有对称的葵花形双耳，并各带一环。杯盖和杯身雕刻缠枝花卉、卷草叶、多瓣莲，用笔舒畅，如行云流水，此杯小巧精致，做工细腻，设计巧妙。

书 画

Painting and Calligraphy Work

书画

Painting and Calligraphy
Work

214~275

[明] 钱榖 《云膅万琴图》

Blue-and -green landscapes hand scrolls
(1508~1578)

纸本 纵29.3厘米，横428.5厘米

钱榖字叔宝，自号磬室，吴县（今江苏苏州）人。善书，行法苏，篆法二李，小楷法虞、欧，曾随文徵明学习诗文、书画，深得文徵明赏识，为其题室名曰"悬磬"。擅山水，师承文徵明，而自成一家。此长卷笔墨细密清润，色彩淡逸，意境爽朗。

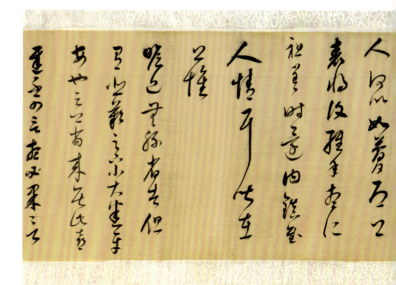

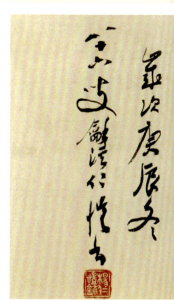

董其昌臨王右軍帖長卷綾本光素完好如新
右軍書法最早蘭亭序及十七帖其次則見於北
宋淳化三年之淳化法帖即淳化閣帖及大觀三年
之太清樓帖人稱大觀帖皆善本法帖也此卷所
臨蓋董氏所藏宋拓淳化閣帖數段筆墨婉轉
神似游龍自逍謂閣右軍帖臨數種時有不可
解者稍為攷定故知淳化大觀右軍文字高木畫
解逎讀為艱也清王良常對淳化閣帖考釋字
釋文多有新義讀右軍帖者可無沜碍矣州考慮
以董氏攷定本說之所攷懿文亦可備一家之言在書法
史研完上可楮弧品亦藝林之寶墨七
庚辰中秋史樹青跋於竹影書屋

[明] 董其昌 《行草》
Running-cursive Script
(1555~1636)

绫本 横214厘米、纵25.5厘米

董其昌字玄宰，号思白，又号香光居士。华亭(今上海松江县)人。其以禅论画的"南北宗"论褒扬南宗，而贬抑北宗，使得南宗的文人画从此一统天下，董氏也因此而留名画史。其书风秀美典雅，是继元代赵孟頫之后的最后一位帖学集大成者。书法初学颜真卿，后转法钟繇、王羲之，并参李邕、杨凝式笔意，率意中得秀色。馆藏董氏《行草》乃其临王羲之法帖，作品笔画圆劲秀逸，用笔精到，章法上取法杨凝式，宽疏而跌宕错落，闲情逸趣和灵气才思充溢其间，立意高远，风华自足。长卷前面附有我国著名书画鉴定家杨仁恺先生的题字"董其昌临羲之帖"，后部则有另一位著名鉴定家史树青的小楷题跋。

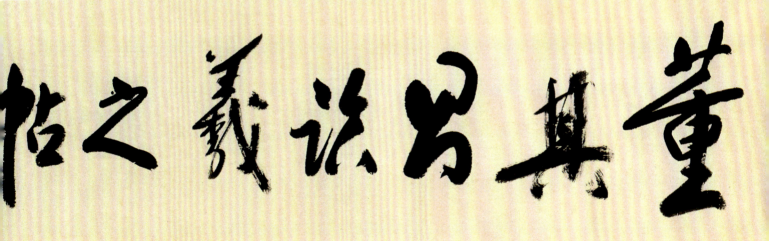

董其昌談義之帖

[清] 上官周 《饮中八仙图》
Eight immortals who are drinking liquor
(1665~？)

绢本 横168厘米、纵42 厘米

上官周号竹庄，福建长汀官坊人。他自幼聪颖，好学诗文、书法、篆刻，尤精人物画。人物神情潇洒，于唐寅、仇英之外，别树一帜。曾上京主绘《康熙南巡图》，受到康熙皇帝的奖赏。从明代开始，人物画的一个重要特征就是山水与人物结合，以便更好地表现人物的节操与情趣。《饮中八仙图》就是一件这样典型的作品。图中所绘八仙动态各异，或独坐于一隅凝神沉思，或半倚着闭目小憩，也有的在埋头作画，还有的在谈玄论道，不一而足。画中人物的衣纹凝练沉着，以淡墨晕染出衣服的体量起伏，八仙形象皆勾勒工细谨严，清逸脱俗，设色雅谈，与衣纹形成鲜明对比。山石以粗笔皴之，构图精心巧妙。人物与松石场景有机地融为一体，意足神备，别具一番韵致。

飲中八僊圖

癸未嘉平
上澣
竹莊上官周
寫於瀨上

飲中八僊圖

癸未嘉平
上澣
竹莊上官周
寫於瀨上
廬房

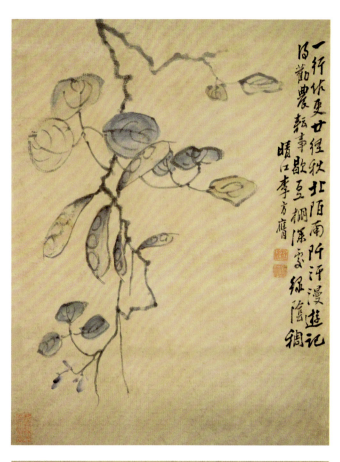

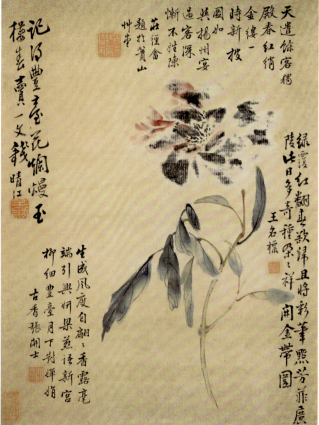

[清] 李方膺 《花木真迹》册页
Album of flower and timber
(1695~1755)

纸本 纵37.5厘米，横29厘米

李方膺字虬仲，号晴江，为清代"扬州八怪"之一，善画松、竹、梅、兰和草虫。其写意花鸟画有独特的意蕴，也形成了其与众不同的自家面目。其艺术具有疏离正统、直抒个性的特点，而且表现了关乎世道民生的高尚情怀。李方膺的艺术丰富、发展了写意花鸟画的表现情趣与技法。此册页共八帧，分别为豆荚、牡丹、柏树、紫藤、竹、桃花、玉兰花、泰山一枝松，构图简洁而有新意。每帧均有行书律诗长题，文风犀利，皆有所指寓。且诗、书、画、印谐趣天然，不媚俗态而别开生面，颇富士气。

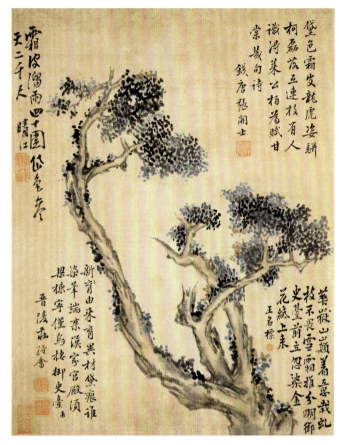

黛色霜皮龍虎姿
柯磊砢互連枝有人
識得萊公柏著賦甘
棠義句詩
錢唐張開士

霜皮溜雨四十圍
黛色參天二千尺
晴江

藥嶺山巔蓄意栽
枝不畏雪雨推分開
史臺前立怨染金虹御
花紙上來
王名標

新育由來育異材聳幹痕雅
聳幹端來漢家宮殿頂
棟梁寧僅烏棲御史臺
晉陵在聯畬

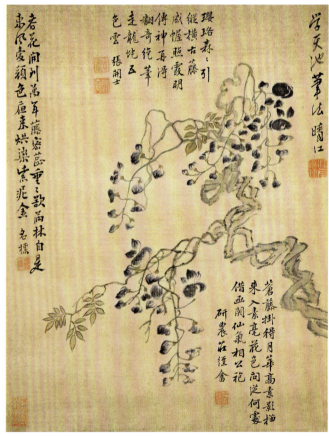

學天池筆法
晴江

瓔珞森森引
縱橫古藤
成帷斑霞明
傳神百浮
翻奇絕華
走龍蛇玉
色雲
張開士

春花開列萬年藤密蕊雲歌兩林自足
東風麥穎色烜東烘染紫泥金
名標

巉藤掛得月華高高影描
來入素亮花色向逆何妨
借畫開仙氣相公花
研農莊經畬

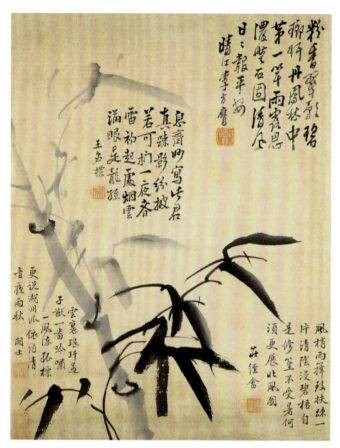

玉樹迎風石早堆良工不
肯畫全身謝家子弟知
多少只飄當領四五人晴江

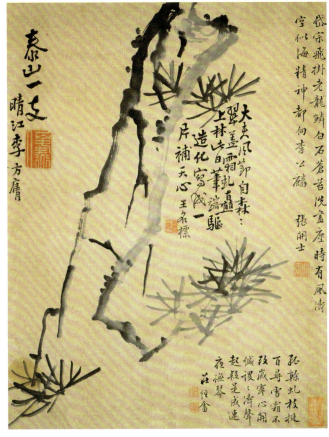

泰山一支　晴江李方膺

大夫風節自森森
翠蓋雨霜虬虯
上林古色自蒼蒼
造化窮一筆端驅
片補天心王名標

岱宗飛掛老龍鱗
白石蒼苔洗盡塵
空似海精神都向季公礛
時有風濤
張開士

孤棕虬枝挺
百尋雪霜不
政藏寒心開
誠誤冷聲
起巍足成連
夜無琴
莊經龕

[清] 黄慎 《渔舟图》
Fishing boat
(1687~1768)

绢本 纵167.5厘米，横90厘米

黄慎，字恭懋，号瘿瓢子，福建宁化人。黄慎的诗文、狂草书法、绘画被称三绝，为"扬州八怪"之一。黄慎的人物画最为突出，山水虽"不以山水名"，但山水画有一定的造诣，大幅和小景都各尽其妙，潇洒有致，以草书笔法入画，笔姿放纵，气象雄伟深入古法。此幅山水近景以浓墨重彩勾绘出奇峭山岩，淡墨轻赭横扫出沙滩，中景绘两株柳树，姿态婀娜劲挺。树后两艘渔船，船中人物似在攀谈，远景绘淡墨山石，若隐若现。画面诗、书、画、印紧相配合，自然贴切。

[清] 李山
《孔雀玉兰图》
Peacock and magnolia

绢本 纵183厘米、横94.5厘米

李山生于公元17世纪。
字少华、号顽石、顽石
居士、顽仙、长洲(今江
苏苏州)人。明末贡生、
能文、兼工绘事、善花
鸟。此幅作品所画之孔雀
形象生动、神形兼备、
栩栩如生。玉兰或苞或
放、兰草苔石浑然天
成、饶有韵致。图中茶花
为浓艳富丽的红色、调
和了玉兰花的轻色与孔
雀、山石的重色、使得画
面的色彩浑然一体。

[清] 永瑢 《仿宋人七星桧图》
Copied after Song dynasty artist's painting
(1743~1790)

纸本 横360厘米，纵27厘米

皇六子永瑢乃乾隆第六子，封质庄亲王，号九思主人。山水学烟客（王时敏）祖孙，上窥大痴（黄公望），但其气息皆欠超妙，卒年四十八岁。馆藏永瑢的《仿宋人七星桧图》长卷，绘七株形态各异、枝干屈曲的桧柏，枝干用浓淡变化的线条描绘。鳞形的叶子先用水墨点染，而后用青色渲染。整体面貌古淡苍逸，颇得宋人笔意。作品尾部有"乾隆御览之宝"圆形印，以及款书"子臣永瑢恭画"。

书画
Painting and Calligraphy Work of Famous Artists

[清] 张问陶 《山水花卉册页》
Album of landscapes and flowering plants
(1764~1814)

纸本 20.5厘米、纵14厘米

 书画
Painting and Calligraphy Work of Famous Artists

张问陶是乾嘉时期性灵派的大诗人。字仲冶，号船山，四川遂宁人。乾隆进士，官至莱州知府，著有《船山诗草》。张氏在书法、绘画方面也造诣颇深，书法险峻劲捷，画风格高雅，深为人们推崇。此次遴选册页中的4幅代表作品，题识分别为"徐文长青莲一品"、"可以忘忧"、"溪山雨后"、"江山胜览"等。作品皆清雅可爱，深得文人画意趣。

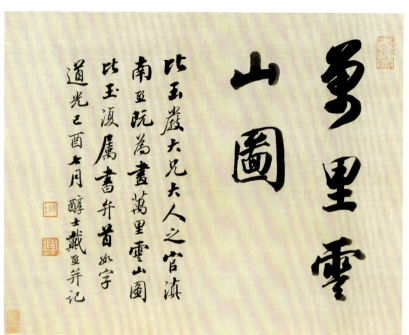

[清] 戴熙 《万里云山图》
Cloud and mountain
(1801~1860)

纸本 横36.5厘米、纵29厘米

戴熙字醇士，号榆庵，浙江杭州人。道光
十二年进士，官至兵部侍郎，后引疾归。
工诗书，善绘事，山水早年师法王翚，进
而摹拟宋元诸大家，对于王蒙、吴镇两家
笔意更有所得，是清朝四王以后的山水画
大家，被誉为"四王后劲"。晚年观摩巨
然真迹，在用墨方面有深切的领会。著有
《习苦斋画絮》，对画理多有独到见解。
此幅《万里云山图》系戴氏道光年间为其
友人赴任滇南所作，崇山峻岭中，一主人
带领两个随从，骑行于险窄的山道之上。
此图仿董源的南宗家法，山石以干墨作
皴，然后以湿笔渲染，颇得物象的形象和
神髓，较好地体现了笔墨兼顾、繁简适
中、自然浑成的画风特点。

[清] 竹禅 《一堂屏》
Sets of four
(1824~1900)

纸本 纵180厘米，横45厘米

竹禅，清代四川梁山（今梁平县）人，出家于梁山报国寺，受戒于双桂堂，书法师宗怀素，精于狂草，并创新书体"九分禅字"。平生爱竹，又是一位禅僧，故取名竹禅。馆藏竹禅一条屏的内容分别由莲花、菊花、牡丹、梅花的条幅构成，这几种具有不同象征意义的花卉插于造型各异的瓷器中，置于屈曲盘绕的根雕支架上。作品笔墨及敷色皆别成一格，意境古朴高远。画中所题"平安富贵"、"秋色傲霜"等款识，可见其"九分禅字"风格。

书画
Painting and Calligraphy Work of Famous Artists

[近代] 吴昌硕 《墨竹图》
Ink bamboo
(1844~1927)

纸本 纵138厘米，横33.5厘米

吴昌硕最擅长画写意花卉，他把书法、篆刻的运刀和章法融入绘画，笔力浑厚老辣，气势雄强，布局新颖，形成了有金石书法味道的独特画风。吴昌硕的行书，得黄庭坚、王铎笔势之敧侧，以及黄道周之章法，个中又受北碑书风及篆籀用笔之影响，大起大落，道润峻险。吴昌硕的作品，诗、书、画、印配合得宜，融为一体，为"后海派"艺术的开山代表，是近代中国艺坛承前启后的一代巨匠。此幅墨竹图用笔恣肆老辣，老叶纷披、淡杆浓叶，疏密有致，全幅充满了生气及金石气。画面与题款错落上下，具有变化之美。

[现代] 齐白石 《指甲花》
Henna
(1864~1957)

纸本 纵94厘米、横31厘米

齐白石 "衰年变法"，自创 "红花墨叶" 一派，以其纯朴的民间艺术风格与传统的文人画风相融合，形成独特的大写意国画风格，达到了中国现代花鸟画的颠峰。齐白石艺术修养精湛，有篆刻、诗词、书法、绘画四绝之誉。他的艺术创作奉行一条重要的绘画原则："作画妙在似与不似之间，太似为媚俗，不似为欺世。"此幅作品从整体面貌来看，应为齐白石典型的 "红花墨叶" 风格。两株高低错落的指甲花花红叶茂，顾盼生姿。茎是用笔蘸淡墨以篆书笔意写出，叶子为了强调对比变化，分别以大笔取淡墨和浓墨抹出，然后趁着水墨未干之时，或取焦墨、或取浓墨等相宜的墨色，勾勒出叶脉，使其自然晕染渗透，花朵部分用鲜艳的红彩调和不同分量的清水，精妙地描绘出花的阴阳相背、稀疏浓密以及前后关系。整幅作品笔酣墨饱，神完气足，洋溢着勃勃的生机。

梯云天半近鑿石洞
門溜向夕嵐生腋清游
挹爽來 黄山天都
己丑八十六叟賓虹

[现代] 黄宾虹 《黄山天都峰》
Tiandu peak of Mt.*Huangshan*
(1865~1955)

纸本 纵78厘米、横38厘米

在我国近现代绘画史上，有"南黄北齐"之说，"北齐"指的是北京的花鸟画巨匠齐白石，"南黄"则是浙江的山水画大师黄宾虹。黄宾虹80岁以后，形成了人们所熟悉的"黑、密、厚、重"的画风。所画山川层层深厚，气势磅礴、惊世骇俗，这一显著特点也将中国的山水画上升到一种新境界。此幅山水纸本设色，描绘的乃是黄山天都峰。图中山峦重叠、林木扶疏，几间房舍，前后错落。山路曲折盘旋，有人执杖攀行。作品笔法遒劲凝练、貌拙气酣，极富金石气息。笔墨枯润相间，有虚有实，繁而不乱。画面清妍秀润，意趣生动。

[现代] 王震 《仙翁图》
Immortal
(1867~1938)

纸本 纵126.1厘米，横51厘米

王震，字一亭，号白龙山人、浙江吴兴人。他早年学习任伯年书法，中年后拜吴昌硕为师，此藏品所绘南极仙翁神采奕奕、鹤发童颜、腰挂盛有仙丹的葫芦，双手捧着折枝仙桃。此作品应为祝寿而作，用笔圆劲流畅，用墨浓淡对比相得益彰，仙桃所施红绿彩使得作品渲染的主题呼之欲出。画幅右上方有两行题款，分别为"南极有仙翁与天地同久"和"癸酉仲春白龙山人王震"。此作品笔墨和敷色都可以看出吴昌硕的影响。

[现代] 陈半丁等 《海棠山石图》
Chinese flowering crab-apple and rock
(1876~1970)

纸本 纵101厘米，横33.5厘米

陈半丁以花卉、山水、人物兼擅，以花鸟、山水画最为著名。其花鸟最初学习吴昌硕、任伯年，而溯源青藤、白阳、八大及扬州画派、金陵画派。陈半丁既师法古人笔墨，又深谙民众的审美心理，将文人高雅笔墨与世俗人情相结合，所以他的作品雅俗共赏。此幅藏品系陈半丁与友人合写，从题款可知，画幅上部的海棠山石为其所作。他以洗炼、概括的笔墨绘出山石和海棠叶子的形态，以艳丽沉着的紫红绘出海棠花的色彩，作品清新润泽，意境深得文人之雅和 "金石画派" 之风。

[现代] 刘奎龄 《禽趣图》
Poultry
(1885~1967)

纸本 纵173厘米、横42.5厘米

刘奎龄的绘画艺术植根于现实生活，既师法传统、师法造化，又善于从西学中获取技法，融中西绘画艺术于一体，形成了自家独特的艺术风格，独步画坛。此幅作品描绘盛开的葵花下，两只母鸡在低头觅食，而雄鸡则在昂首观望。此画工笔重彩，鸡身上的羽毛乃通过渲染，表现其层叠递进、厚实密重的结构，质感真切，韵味十足，生动传神。画风清新雅致，具有浓郁淳厚的生活气息，给人以强烈的艺术感染。

[现代] 吕凤子 《罗汉图》
Arhat
(1886~1959)

纸本 纵63.5厘米、横34厘米

吕凤子擅人物、山水、花鸟，尤以仕女和
罗汉著称。30年代初所作《庐山云》，获
法国世界博览会中国画第一奖。1943年作
《四阿罗汉》，获重庆全国美展一等奖。
他在创作上追求美、爱、力三者的统一。
此幅图中所绘罗汉手执竹杖，似在向画外
怒目而视，背景衬以淡墨风竹。作品似在
借此针砭时事，表达自己刚正不阿的气
节。笔墨豪放磊落、线条遒劲有力，寥寥
数笔即传达出人物的精神面貌，不愧为一
代大家。

[现代] 徐悲鸿 《猫石图》
A cat and rock
(1895~1953)

纸本 纵104厘米、横40厘米

在20世纪上半叶中国艺术步入现代之时，
徐悲鸿无疑是举足轻重的关键人物。他将
西方精湛的写实技巧融入中国绘画，为传
统艺术的革新开拓了广阔的道路。他承前
启后、继往开来、被国际美术评论界称为
"中国近代绘画之父"。徐悲鸿的动物画
驰名中外，在此幅作品中，他运用熟练的
解剖、透视和记忆形象的非凡能力，捕捉
动物最为传神的瞬间，把猫的娇敏描绘得
淋漓尽致。

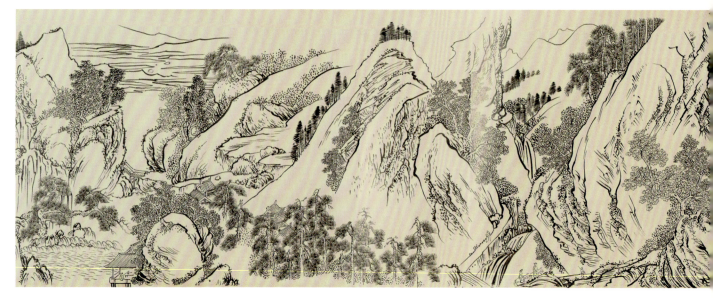

[现代] 溥心畬 《山水画稿长卷》
Landscapes hand scrolls
(1887~1963)

纸本 纵33厘米，横406厘米

20世纪中国画坛，有"南张北溥"之说，南张为张大千，北有溥心畬，由此可知先生艺术的崇高地位。溥心畬善画山水、人物、花鸟、走兽。其山水学北宗，受马远、夏圭影响较多，复灵活变通，有自家风范。此山水长卷采用全景式构图，山势布局从右向左展开，由雄伟逐渐平缓。峰峦叠嶂间有松柏杂树以及水口瀑布、木桥山道，亦有亭台楼阁和悠远古刹，还有水汀人家，结构谨严。此长卷直接用浓墨起稿，勾勒而成，用笔挺健劲秀，徐急顿挫而行，显示出山石之刚硬峥嵘。真所谓铁划银钩，将北宗这一路刚劲的笔法特质阐发无余。意境清新雅淡、俊逸出尘，恢弘大气。

[现代] 丰子恺 《溪边不垂钓》
The Pleasure of enjoying the fishes
(1898~1975)

纸本 纵62.5厘米，横29厘米

丰子恺是著名的画家、文学家和美术、音乐教育家，浙江桐乡人。早年曾从李叔同学习绘画、音乐，译有《西洋画派十二讲》。受到佛教影响，作有《护生画集》传世，乃寓意佛家护生戒杀之旨。此图中描绘一身着青灰色长衫的青年男子，双手交插于袖中，前踞于假山石上，眺望远方，正陶醉于湖光山色而浮想联翩，他的上方是轻柔飘拂的垂柳，身边的湖中，鱼儿在怡然自得地游弋，好一副人与自然融为一体的和谐之景，这也是丰子恺先生一贯笃信的佛教众生平等、共生共荣的思想的体现。此作品造型简括、画风朴实、寥寥数笔就勾画渲染出如此隽永的意境，实在令人感佩。

[现代] 关鹤龄 《设色山水》
Arranged color landscapes

纸本 纵52.8厘米，横34.5厘米

关鹤龄，现代著名山水画家。此幅作品描绘了秋林山翠之景。笔法缜密端秀，灵气外溢，作品笔墨的浓淡变化、色彩的交织融汇，线条的纵横有序，书法的抑扬力度，印章的法度严谨，题句的画龙点睛，均达到了高度完美的结合。

远槛种菊为一斋号曰补轩
总总是香浮言三千世里
无咏乐时况俊遇秀穰
深秋景物随宜好向老仙游
巌庐且辰饮罢何妨又
坐眺阑霞作裏有斜阳
甲子秋日宇郊珑秋暮句
维言十兄大人法凭
闾黎饰

247

[现代] 黄君璧 《设色山水》
Arranged color landscapes
(1898~1991)

绢本 纵122厘米、横47.5厘米

黄君璧原名允瑄，号君翁，祖籍广东南海，生于广州。他广涉百家，博采众长，笔墨功力深厚，尤能得石溪、石涛及夏圭之精髓。又重写生，遍游海内外山水胜迹。此幅山水结构谨严，层次分明，山峰以近于石溪的渴笔皴擦，有"毛"、"厚"的特色。草屋篱舍、竹梅柳槐、高人雅士皆点画森然，自成机杼，深得山川云水之灵性。设色清雅，意境高远。

[现代] 钱松嵒 《泰山松》
Mt.*Taishan* Pines
(1899~1986)

纸本 纵67.5厘米、横40厘米

钱松嵒，江苏宜兴人。现代最著名的山水画大家之一，"新金陵画派"的代表人物。其山水画在传统基础上求变创新，形成了特色鲜明的个人风格。馆藏作品中，千年古松伟岸挺拔，傲然屹立于悬崖峭壁之上，与古松遥相呼应的是那苍浑磅礴的亘岳群峰。整幅作品用钱松嵒所特有的"颤笔"描绘的，塑造出雄浑古拙的视觉效果和深沉博大的生命情怀，令人鼓舞振奋。色彩运用大胆独特，墨色与红彩对比强烈，使人过目难忘，不愧为"承前启后，一代宗师"。

泰山松

錢松喦作於高雲嶺畔

[现代] 张大千等
《秋江钓艇图》
Fisherman in the boat
on an Autumn River
(1899~1983)

纸本 纵104厘米、横50厘米

张大千是四川内江人,其才力、学养过人,于山水、人物、花卉、仕女、翎毛无所不擅,特别是在山水画方面的贡献尤为突出。晚年独创奇伟瑰丽、与天地融合的泼彩山水。其艺术风格经历"师古"、"师自然"、"师心"的三个发展阶段。此件藏品画风"清新俊逸",应为张大千前期所作,是张大千与友人子涂合作而成。画中的小舟、垂钓雅士以及水域汀岸乃张大千笔意,而竹石杂树及渐行渐远的鸥鸟应为子涂所绘。作品左上方有子涂题款两行"秋江钓艇"和"临盛子帖本子涂",左下方为张大千书款"秋水春云万里香酒壶书卷一孤舟多情只有问归鹭留得诗人幽钓翁"和"丙戌嘉月子涂大千合写"。

[现代] 张大千
《高士图》
Hermits
(1899~1983)

纸本 纵99厘米、横52厘米

张大千曾于20世纪40
年代带领助手，自费
奔赴华夏的传统艺术宝
库敦煌，在那里花了三
年时间，临摹了众多的
石窟壁画，并于归来后
举办展览，引起了巨大
轰动，使敦煌艺术宝库
从此为国人和世界所瞩
目。张大千受益于这次
敦煌之行，其画风也为
之大变，人物画采用复
笔重色，高雅华丽。此
图中所绘三高士携一捧
梅书童，悠游于松柏之
间，神态超逸，作品线
条劲利磊落，敷色淡雅
含蓄，意境清丽雅逸，
应为大千先生变法之前
之作。

[现代] 傅抱石 《浅降山水》
Light purple-red landscapes
(1904~1965)

纸本 横174.2厘米、纵69厘米

傅抱石，江西新喻（现江西新余）人，早年留学日本，攻读东方美术史学，是我国著名的国画家、美术史研究和绘画理论家。傅抱石在继承传统的同时，融会日本画技法，受蜀中山水气象磅礴的启发，以皮纸破笔绘山水，创造了山水画新皴法——抱石皴，风格独具，开创了现代金陵画派的全新风格。他兼擅书法、篆刻，是开宗立派的一代艺术大师。在此画中，山峰主体骨架结构皆由浓墨信手勾勒皴擦而成，看似随意，其实这是由于他长期对真山真水的体察，对山水的结构形态以及变化都已了然于胸，才能做到这样随手涂抹皆得神髓的自由境界。山体用淡墨和赭色渲染出体量和远近层次，整个作品水、墨、彩融合一体，达到了苍郁淋漓、气势雄浑的效果。

傅抱石先生山水畫

玉處為國畫大師傅抱石先生少少未完稿抱石先

生筆揮灑蒼茫雄奇空濛飄逸其寄懷抱於

筆墨樓塗堅抹率意為之一任真精神之流露

其為文之真畫　丁亥荷月

魏字峰拜觀並識於錦里鄉夢軒

丁亥荷月　魏子峰左筆於鄉夢軒

253

[现代] 赵完璧 《嘉陵江汇渝州图》
Blue-and -green landscapes hand scrolls
(1904~1994)

纸本 横167厘米，纵31厘米

赵完璧，四川南充县人，1927年考入上海新华艺术大学，得潘天寿、诸闻韵的精心指导。他是一个修养全面的艺术家，人物、山水、花鸟俱能，工笔写意兼到。擅画青绿山水，尤其是巴山蜀水，作品笔墨古拙，在三十年代即享有"齐虾赵鸭张山水"之誉。1939年，张大千评论"此人在蜀中画士当推第一"。馆藏山水长卷所绘之景，乃起始于南充的嘉陵江，绘画古重庆渝州沿线几百里的山水风光。作品刻画精细、工整，严谨而不失空灵。从题款可知，这是先生77岁所作。

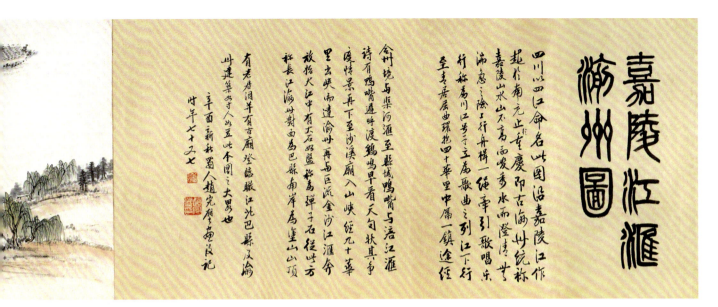

嘉陵江滙渝州圖

四川以四江命名此圖沿嘉陵江作
起於南充止重慶即古渝妙統稱
嘉陵山水山不高而峻秀水而澄清
滿急之隆舟行舟樣一繩牽引歌唱乐
行稱蜀川江芋子立房橐曲之列江下行
至吉居辰曲環抱四十華里中屬一鎮途經

余州境与渠河滙至縣城鳴嘴与涪江滙
詩有鳴嘴通呼渡鶏鳴早看天勻狀其爭
凌待景再下至沙溪廟入山峽經九十華
里出峽而達渝州再島巨流金沙江滙令
彼松大江中有大石名鹽松為弹子石径此方
秕長江滙卅對西為巴縣南岸為塗山山頂
有老唐洞羊有古廟登临賦江光巴縣及渝

此建集於于人此豆此本圖之大界也
辛酉新秋蜀人趙完厥寫南渡記
廿酉七十又七

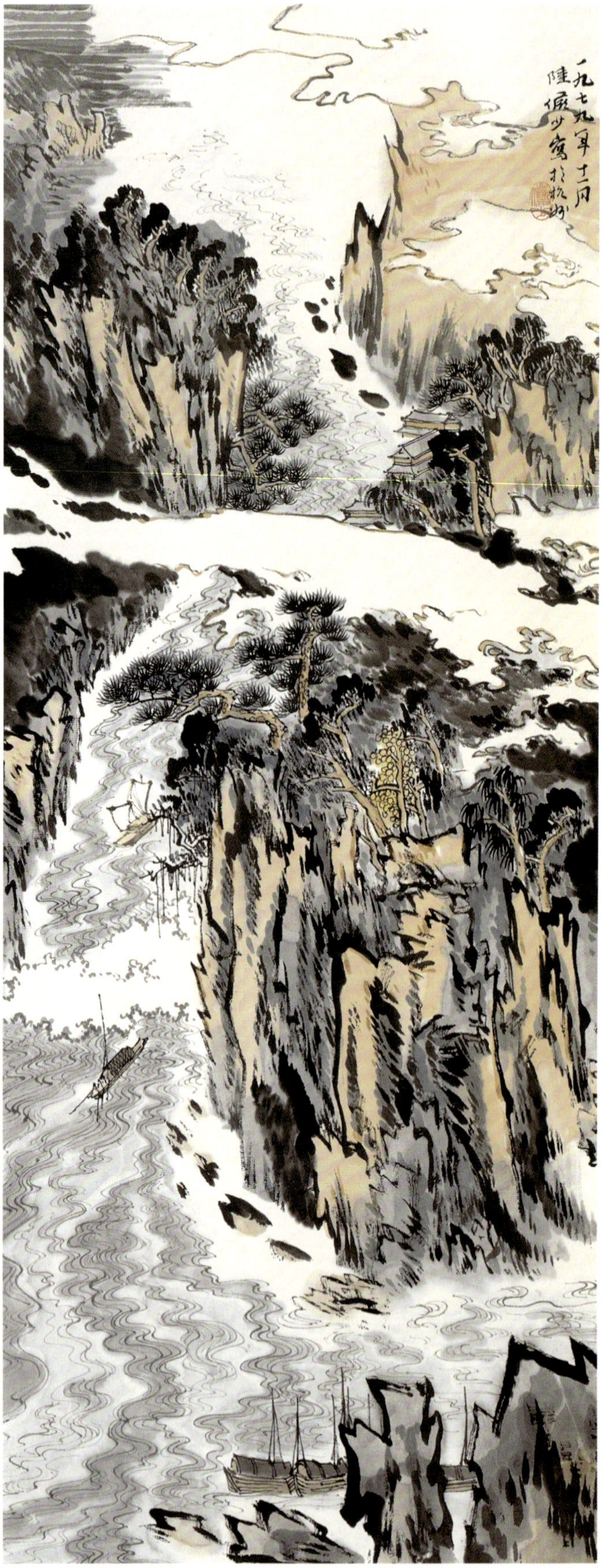
一九七九年十二月
陸儼少寫於杭州

[现代] 陆俨少 《峡江图》
The gorge and river
(1909~1993)

纸本 纵95厘米，横37.5厘米

陆俨少是与张大千、傅抱石、李可染齐名的现代山水画大家，以开创的"陆氏云水"独步画坛。他独创的"墨块"、"留白"勾云法，强化了画面山峦峰霭的变化。所谓"留白"，就是以水墨留出白痕，这种白痕在作品中多用来表现云雾，也可以被看成泉水、山径和浪花。留白要以墨色反衬，所以陆俨少又创"墨块"法，用浓墨积点成块。另外，先生画石每每空勾无皴，只用一根起伏变化的线条表现山石的结构，鬼斧神工。陆俨少生前画过无数幅《峡江图》，此幅馆藏品应是其中之一。画面上激流险滩，旋涡飞沫，舟船穿行其间，惊心动魄。先生擅长用长线条描水勾云，图中的湍流飞沫以及烟云雾霭皆用变幻无穷的线条勾出，达到了生动逼真、出神入化的境界。

[现代] 冯建吴 《枇杷图》
Loquat
(1910~1989)

纸本 纵69厘米，横45厘米

冯建吴的花鸟画主要得益于吴昌硕。此藏品用笔老辣，富金石味，深得吴昌硕以书入画之真传。该画用墨浓淡相宜，用色更是老道，图中成熟的黄色枇杷果在墨色的映衬下，其生动诱人之态跃然纸上。冯建吴还擅长书法，尤长篆、隶，书风刚健清逸。从作品左边的题款可见一斑，题款内容为"五月凉山道枇杷树上金望同梅止渴斑清自不禁七八年新夏建吾写"。

[现代] 冯建吴 《气象万千》
Majestic and grand landscapes
(1910~1989)

纸 纵124厘米、横69厘米

冯建吴，四川仁寿人，四川美术学院教授。先生的山水画在西南地区享有盛名，影响遍及全国，大笔作品有《峨岭朝晖》、《峨嵋天下秀》等。此藏品前景绘郁郁苍松，老干虬枝，远景为晚霞映照下的群峰，中景则是巍峨壮伟的"天下第一奇观"的石林。作品构图层次分明而又彼此呼应，浑然一体，笔墨苍茫厚朴、用色沉着厚重、线条劲健、整体风格雄健、浑穆。作品上部书有题款"气象万千八零年秋仲之月火炉冯建吾写"。

[现代] 唐云 《丝瓜雏鸡图》
Loofah and chick
(1910~1993)

纸本 纵68厘米，横45厘米

唐云字侠尘，别号药城、药尘、药翁，浙江杭州人。他的花鸟取法八大、冬心、新罗诸家，亦擅书法，长于早篆及行书，工诗文，精鉴赏。他是继吴昌硕、黄宾虹之后，与陆俨少并驾齐驱的中国画大师。其作品随意、率真，充溢着浓厚的生活意趣。唐云书法亦极富个性，行书结体瘦硬，奇峭飘逸，意态舒闲。其一生魂牵梦绕是杭州，以至于其作品中总以"杭人唐云"自居。

[现代] 唐云 《荔枝百合图》
Litchi and lily
(1910~1993)

纸本 纵71厘米，横47厘米

唐云的这幅作品既没有奇险峭拔的构图，也没有雄健器张的笔墨，有的只是一颗平常的创作心态，不过却又在不经意中显出苍劲奔放之味，在平淡自然中见奇崛之意态。画家调用简洁的笔致，于用笔的徐疾变化中，把百合的素雅高洁的神采风姿表现得惟妙惟肖。而那一扎鲜红的荔枝，与素净的百合花两相映衬，更加强了画面内在的视觉张力。

[现代] 吴青霞 《山水册页》
Album of landscapes
(1910~   )

纸本 纵27厘米、横16厘米

吴青霞，女，学名吴德舒，号龙城女史，别署篆香阁主。1910年生于江苏常州一个书画世家，一生专注于中国画艺术创作。因其所绘的鲤鱼取法自然而融中西技法，开创了一代新风，而被世人誉为"鲤鱼吴"。1934年，她与李秋君、周练霞、陆小曼等组成中国女子书画会。1956年，她受聘为上海中国画院画师。吴青霞是一位全能型的画家。在她的创作中，山水、花鸟、人物各类题材都有涉及。馆藏的《山水册页》，作品工笔与写意相间，笔墨劲挺流畅，色彩明洁秀丽，充溢着文人画的雅情高致。

幽谷流泉
携杖狗立
橋畔古柏
青苔露湿

[现代] 徐邦达仿金农 《罗汉图》
Arhat
(1911~)

纸本 纵127.7厘米、横39.5厘米

金农在清代的"扬州八怪"中修养最为广博。自创"漆书",专用扁笔,所书隶书、楷书方整朴拙,笔力沉雄。其画也从汉魏画像石刻中汲取精髓,寓巧于拙、舍形求神,创造出意境隽永、古雅拙朴的画法。此藏品绘一头陀散坐于草团之上,似在苦行修炼,以证菩提。主体人物以及身后树木皆参以古拙的金石笔意绘出。左下方题款"乾隆辛巳七月七十五叟金农图画",是其典型的"漆书"风格。

此件藏品乃我国著名的书画理论家和鉴赏家徐邦达的临摹之作。先生在作品外框的右下方有题款:"此余数年前戏临冬心画佛存于箧笥久矣偶一捡视匆为文蒙先生瞩目欢赏遂以持赠"。徐邦达所临之作尽得金农神韵,其艺术价值丝毫不逊于原作。

松窗嚣日矮推篷雨
裹满湘菜综浓水竹
东坡古意但令人恺
所画翁白露横江晓
月孤笔意断梦醒来
杨育香十里清难写
昨夜狼沉吡记已堂窗心
王坤同志正 启功

[现代] 启功 《行书》
Semi-cursive script
(1912~2005)

纸本 横52厘米、纵41厘米

启功的高洁品行和完美人格堪当中国当代文人的表率，他的书法正是他道德修为至清至淳的体现。在书学理论上，启功力倡"书法以结体为上"的学说，并从数学、美学原理上论证了黄金分割结字原理，形成了紧凑而舒展、俊秀而洒脱、端庄而灵动的"启功体"。馆藏的《行书》结体精严，用笔爽利纯净，瘦劲和畅，纯乎自然，点画之间皆透着清刚雅正之气，并在中正端庄中见灵动飘逸，令人回味无穷，真正达到了雅俗共赏的境界。

[现代] 关山月 《梅花长卷》
Chinese *mei* blossom hand scrolls
(1912~)

纸本 横70厘米、纵24厘米

关山月是当代岭南画派的代表人物之一。
他忠实地贯彻岭南画派创始人——高剑父
所倡导的"笔墨当随时代"和"折衷中
西、融汇古今"的艺术主张，一方面致力
于传统技法的继承和发展，另一方面，又
坚持深入生活，进行写生创作。关山月以
画梅享誉天下，有"当今画梅第一人"之
称。馆藏的《梅花长卷》，所绘梅花枝干
如铁，虬曲缠结，繁花似火，或含苞，或
怒放，似铺天盖地迎面扑来，有一种不可
遏制的勃发的、昂扬的生命力，画出了梅
花的精魂所在。关山月笔下的梅花，已不
再仅仅是一种纯粹的审美对象，而是一种
人格化、精神化的象征。

 书画
Painting and Calligraphy Work of Famous Artists

268

[现代] 陈子庄 《牡丹图》
Peony
(1913~1976)

纸本 纵79厘米、横50厘米

陈子庄是巴蜀地区现代屈指可数的几位绘画大师之一，其画风先后受两位现代国画大师——黄宾虹以及齐白石的影响。后深入生活，在大量写生的基础上，融汇变通，终创新格，成为20世纪中国画坛承前启后的大家。其画作融合了乡土气和书卷气，以率真、自然、平淡、鲜活、灵趣的风格而为世人所喜爱。此藏品设色淡雅，以没骨法大面积设色，风格类似于水彩画。作品颇具花开烂漫之情，师法于齐白石而略有加减。

[现代] 岑学恭 《山水册页》
Album of landscapes
(1917~)

纸本 纵27.5厘米，横21.5厘米

岑学恭1944年毕业于中央大学艺术系，一生精研传统山水画技法，在此基础上创新求变，多次到三峡实地写生，终于探索出一套表现巴山蜀水的特有技法，形成自己鲜明风格。他首次提出"三峡画派"，开创地域山水表现之先河。馆藏此山水册页除个别作品描绘异地山川景象，大多是表现三峡风光的画卷，或激流争渡、或风平浪静。作品皆雄伟高雅、笔墨功力深厚，殊属佳构。

[现代] 石鲁 《人物习作》
Figure
(1919~1982)

纸本 纵27厘米，横23.5厘米

原名冯亚珩，生于四川省仁寿县，山水、人物、花鸟画家，长安画派的主要创始人。石鲁因为敬慕清代画家石涛和现代著名作家鲁迅，就把自己的名字改为"石鲁"。石鲁提出"一手伸向传统，一手伸向生活"，实现由文人的审美诉求转为百姓苍生的审美追求。

[现代] 石鲁 《人物习作》
Figure
(1919~1982)

纸本 纵69.5厘米，横38.5厘米

石鲁在艺术作品中着力体现他所追求的英雄主义，使得"长安画派"与浙派、海派、京派等在审美风格上拉开了距离。此幅作品应是石鲁写生的作品，他以不可遏制的激情，表现了正在劳动中工人的形象，那黝黑的皮肤，隆起的肌肉正是他对于力与美的英雄主义的讴歌。

[现代] 史国良 《役象图》
Elephants
(1956~)

纸本 纵136.5厘米、横70厘米

"当代画僧"史国良曾师从
蒋兆和、黄胄、周思聪，他
的作品《刻经》荣获第23
届蒙特卡罗国际现代艺术大
奖赛"联合国科教文组织大
奖"。史国良的三位老师皆
是现代写实主义大师，他禀
承师门的传统，始终把自己
的艺术扎根于现实生活。这
副作品应为史国良云南采风
所得。画中前景绘有两个体
态婀娜的少女，身着红紫衣
服，肩上或扛或担着新鲜水
果，而在中景及远景，则分
别用墨色绘就三头体量庞大
的大象，少女的轻逸与大象
的拙重，这两极之间所带来
的视觉张力在画家巧妙的构
图中得到平衡。

[现代] 史国良 《放猪图》
Herding pigs

纸本 纵94.5厘米、横38.5厘米

史国良的画风是以写实手法反映时代生活，挖掘和表现生活中的真、善、美。他功底扎实、笔墨厚重，是中国人物画坛写实画派的代表人物。这幅作品描绘了一个农村放猪女孩回头张望落后猪仔的一瞬间，情趣盎然，由此可见画家敏锐的观察力、深厚的生活积淀和高超的艺术表现力。

|后记|

　　华通博物馆是四川华通投资控股有限公司所属的独立的文化产业。公司秉承"以科技复兴中华，续文明博通古今"的社会理念，坚持党的"抢救为主，保护第一"的文物方针，依循热爱文物、收藏文物、抢救文物、保护文物的原则，继承和发扬祖国优秀的文化遗产，经过多年的精心搜集和苦心经营，终于在2005年1月1日正式成立了博物馆，2006年12月，气势磅礴的华通博物馆新馆正式开馆。时至今天，博物馆的规模在企业博物馆中已是首屈一指的，其实力可与省级博物馆媲美。

　　华通博物馆的收藏类型主要是各历史时代的艺术精品，重要的展厅有书画厅、瓷器厅、汉代陶石艺术厅、彩陶艺术厅、明代陶俑艺术厅等。其中本馆的汉代陶石艺术厅最具特色，其藏品几乎囊括了四川地区汉代墓葬艺术的的所有种类，包括画像石、画像砖、砖石棺艺术、动物车马陶塑、生活器具、人物俑等，为研究当时的文化、生活、宗教、信仰提供了宝贵的实物资料。另外，彩陶、瓷器、书画作为博大精深、源远流长的中华文化的重要组成部分，也是博物馆收藏的重要元素，向世人展示着中华文明的灿烂辉煌。

　　汉代陶石艺术厅以"东汉神韵"为主题，陈列面积达2500平方米。珍藏了1000余件四川出土的汉代特别是东汉时期的陶俑精品，表现了从现实到超现实的各种物象和生活场景，包括生产劳作、歌舞伎乐、民风民俗，车马出行、仙界景象等，真实地再现了汉代和谐富足的社会生活和对成仙得道的向往，也堪称一段较为完整的关于陶的创制、使用、审美的古陶文明史，同石刻文明，古墓复原等一起构成了一幅生动的汉代立体画面，其规模、数量、珍品在国内同类博物馆中实属罕见。

彩陶厅以"文明奇葩"为主题，陈列面积达415平方米，收藏了产生于新石器时代黄河中上游地区，距今4000多年的生活器皿类彩陶，多数为分布于甘肃、青海地区的马家窑型文化彩陶，还有一部分半山文化型彩陶和马厂文化、齐家文化系彩陶等，综合反映了数千年的原始社会状况、生存情境和精神世界，简洁的艺术语言，鲜明单纯的色彩和以意写形的技法，让我们感受到文明时代开拓者那雄浑强烈的表现力。

书画厅以"国墨飘香"为主题，陈列面积达700多平方米，典藏了300多件近现代名人字画作品，其中不乏名震中外的大师作品，为华通博物馆增添了无尽的光彩。如徐悲鸿、齐白石、傅抱石、张大千的作品，以及慈禧太后的老师竹禅先生的花鸟画等。亲眼目睹这些旷世大师的绝代之作，一定会大开眼界。

瓷器厅是华通博物馆中最多彩的一部分，陈列面积达850平方米，珍藏了从六朝到清代的瓷器精粹。其品种丰富、造型各异，有青瓷、白瓷、青花、斗彩、单釉、复釉等，包括杯、盘、碗、盏、罐、樽、瓶、盂等器形，釉色、纹饰都十分精美，基本反映了历史各朝代、各时期的瓷器艺术特征。其中最具特色的是元代青花瓷、明清时期的斗彩瓷、清代的粉彩和五彩。

本馆所收藏的青铜器多为战国以后的器皿。这时期的青铜器已经完全脱离了商代青铜礼器神秘、狞厉的特点，多是亲切的生活实用器，包括酒器和食器。少量的玉质摆件也都十分精彩，是博物馆中藏品的必要点缀。

博物馆不只是一个存放藏品的静止的地方，它还是一个让我们学习研究、探索发现、鉴古知今的场所，所以，一个博物馆要让它活起来才有存在的价值和发展的空间。如果希望拥有更好的研究氛围，必须加强馆与馆的交流、合作。2007年10月18日，华通博物馆在武侯祠博物馆正式加入成都博物馆协会，这有利于博物馆研究和博物馆事业的发展，也为社会主义物质文明、精神文明和经济社会发展做出贡献。

已经建成的华通古陶瓷研究保护中心是四川地区设备最先进、科技含量最高的文物鉴定和保护基地。其中激光拉曼光谱仪（可进行固体粉末样品和溶液样品的拉曼图谱采集，测定分子的振动光谱，与红外光谱互补，分析物质组分、结构等的光谱）、x射线荧光能谱仪（可在大气压力或低真空环境下检测样品），x射线荧光光谱仪、综合热分析仪等等，都是文物保护中的前沿技术。目前还在机器设备的测试中，中心将建设成一个集教育、培训、实验、研究为一体的机构。在这个平台上，将更有力地加强国内、国际的合作与交流。

2007年9月6日，华通博物馆派专家和代表参加了中国文物保护技术协会第五次学术年会。2007年秋，参加了在韩国举行的东亚文化遗产保护国际研讨会，为古陶瓷保护研究检测中心的工作展开作了初步的铺垫。目前，把考古学、艺术学等社会学科同数学、物理、化学等自然学科结合起来研究历史的方法，还是一个新的和先锋的理念，其困难和希望都是不可估量的。所以，华通博物馆在国际、国内的交流活动中都引起了各方学者的极大兴趣和广泛关注，很大程度地提升了博物馆的知名度，也方便研究工作的开展。

编后记

太平盛世，藏宝于民。随着我国经济稳定发展和文化事业的繁荣，收藏、鉴赏、拍卖市场日渐火热，对民间艺术品依法有序流通，丰富民众文化生活，繁荣文化市场起到了一定的推动和促进作用。

长期以来，文物出版社承担着抢救保护国家文化遗产的重要职责，同时也担负着引导公众健康收藏和鉴赏的舆论责任。近年来，许多收藏家来电来函，要求出版他们的藏品图录。文物出版社反复研究，决定甄选具规模、有影响的收藏家，把他们有代表性的藏品结集出版，为民间艺术品收藏交流保存信息。本着"去粗取精，去伪存真"的原则，对选录的藏品总体上要求有关专家进行鉴定。对于其中见仁见智的藏品，我们在征求作者和专家意见的前提下，有选择地予以保留。由于这项工作刚刚起步，或有不当之处，敬请有识之士指正。

编者
2008年7月

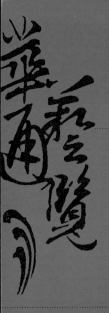

责任印制　梁秋卉
书籍设计　刘　远　张　娟
责任编辑　郑　彤

图书在版编目（CIP）数据

华艺通览：成都华通博物馆藏品．第1辑/成都华通博
物馆编．—北京：文物出版社，2008．7
ISBN 978-7-5010-2412-4

Ⅰ.华... Ⅱ.成... Ⅲ.博物馆−历史文物−四川省
Ⅳ.K872.71

中国版本图书馆CIP数据核字（2008）第014329号

华艺通览
成都华通博物馆藏品第一辑

成都华通博物馆编著
文物出版社出版发行
北京东直门内北小街2号楼
http://www.wenwu.com
E-mail:web@wenwu.com
制版　北京圣彩虹制版印刷技术有限公司
印刷　北京圣彩虹制版印刷技术有限公司
开本　889 × 1194毫米 1/16
印张　17.5
版次　2008年7月第1版
印次　2008年7月第1次印刷
书号　ISBN 978-7-5010-2412-4
定价　360.00元

ISBN 978-7-5010-2412-4

9 787501 024124 >